DIESTERWEGS
NEUSPRACHLICHE
BIBLIOTHEK

Christophe Léon

Changement de braquet

Suivi de l'histoire « Le refus »

DIESTERWEG

Édition originale «Désobéis» de Christophe Léon
publiée par les Éditions Thierry Magnier
© Éditions Thierry Magnier, 2011

Annotationen und Anhang erarbeitet von Nathalie Judic, Karlsruhe
und Mechthild Piel, Königswinter

© 2014 Bildungshaus Schulbuchverlage
Westermann Schroedel Diesterweg
Schöningh Winklers GmbH, Braunschweig
www.diesterweg.de

Druck A^1/Jahr 2014
Alle Drucke der Serie A sind im Unterricht parallel verwendbar.

Redaktion: Nathalie Judic, Karlsruhe und Mechthild Piel, Königswinter
Umschlagkonzeption: Blum Design & Kommunikation GmbH, Hamburg
Herstellung und Umschlagrealisation: Harald Thumser, Frankfurt am Main
Umschlagfoto: © Daniel Coulmann/fotolia.com
Satz: KCS GmbH · Verlagsservice & Medienproduktion, Stelle/Hamburg
Druck und Bindung: westermann Druck GmbH, Braunschweig

ISBN 978-3-425-04927-4

Liste des abréviations

abr	abréviation
adv	adverbe
contr	contraire
fam	familier
fig	sens figuré
litt	littéraire
loc	locution
p.ex.	par exemple
péj	péjoratif
scol	scolaire
v.	voir
vulg	vulgaire

Table des matières

Introduction.. 6

Changement de braquet 7

Le refus.. 17

Au-delà de la lecture 30
    Changement de braquet................................... 30
    Le refus 36
    Grammaire: Le participe présent et le gérondif 41

Méthodes 43
    Comment faire le portrait d'un personnage? 43
    Rédiger un commentaire personnel.......................... 45

Documents supplémentaires 48
    Claire Clément, Ma meilleure copine (extrait)................. 48
    Yaël Hassan, De l'autre côté du mur (extrait) 51
    Pas l'indifférence (Zaz, Jean-Jacques Goldman) 55
    L'indifférence (Gilbert Bécaud)............................. 57
    L'indifférence: la pire des attitudes (Stéphane Hessel)............ 59
    Déclaration universelle des droits de l'homme (extrait) 60
    Antoine Dole, À copier 100 fois (extrait)...................... 61

Biographie 64

Introduction

Dans ce livre vous trouverez deux nouvelles, tirées du recueil «Désobéis» de Christophe Léon. Dans cet ouvrage, l'auteur présente des exemples de ce qu'on appelle la «désobéissance civile». Les protagonistes des nouvelles n'acceptent pas les situations que l'on rencontre au quotidien, mais qui leur sont devenues insupportables.

Dans la première nouvelle, «Changement de braquet», Bouli qui est handicapé a développé sa propre manière de se retrouver dans un quotidien qui n'est pas adapté à ses besoins.

Dans la deuxième nouvelle, «Le refus», Corentin qui est un élève surdoué change de comportement. D'habitude un garçon discret, il se met en colère après un événement survenu dans son lycée.

Le narrateur sait raconter avec suspense. C'est pourquoi nous ne voulons pas dévoiler plus de détails. Laissez-vous surprendre.

Pour vous aider il y a des explications de vocabulaire en bas de page et des explications de grammaire (le participe présent et le gérondif). Dans la partie «Au-delà de la lecture», vous trouverez beaucoup d'exercices pour approfondir la compréhension de texte et pour aller plus loin avec les documents supplémentaires.

Nous vous souhaitons une bonne lecture.

Changement de braquet

Changement de braquet. Tête dans le guidon. Dos rond. Épaules rentrées. Bouli entame la descente à fond.

Dans quelques secondes il va débouler dans le rond-point, se pencher à la limite du dérapage et prendre la deuxième sortie sur la droite.   5

Profitant de l'élan, il va pédaler comme un fou et aborder la côte avant d'arriver devant la grille en fer forgé de sa maison.

Bouli a onze ans. Un âge où on ne craint ni les chutes ni les écorchures aux genoux.   10

Il s'est légèrement surélevé sur les pédales pour mieux porter son poids vers l'avant et accélérer davantage.

Il a déjà parcouru la moitié de la distance qui le sépare du carrefour. Le rond-point est à portée de roues.

Il est dix-huit heures trente. L'obscurité gagne du terrain.   15

Depuis qu'il est en classe de sixième au collège, Bouli fait ses devoirs à l'étude du soir et rentre tard.

Bouli ferme ses doigts une fraction de seconde sur la poignée du frein arrière. Le pneu dérape un peu, mais pas trop.

Bouli relâche la poignée, se penche sur le côté et attaque le rond-point dans la position d'un pilote de moto.   20

Bouli dépasse la première sortie à droite. Il se redresse légèrement pour assurer le bon équilibre de sa bécane.

Titre en première page du journal local: *Épidémie de pneus dégonflés.*

---

[1] le braquet *sport* Übersetzung   [2] changer de braquet einen anderen Gang einlegen le guidon Lenker   [3] rentré,e *ici:* hochgezogen entamer commencer à fond *loc adv* à toute vitesse   [4] débouler *fam* arriver très vite   le rond-point Kreisverkehr se pencher sich neigen   [5] le dérapage Schleudern, Ausrutschen   [7] aborder prendre la côte Steigung   [8] la grille en fer forgé *ici:* Gittertor   [10] l'écorchure *f* Hautabschürfung   [12] accélérer aller plus vite, *contr* ralentir   davantage *adv* plus [14] à portée de *loc* tout près   [15] l'obscurité *f* Dunkelheit, Dämmerung   [16] la sixième *erste Klasse am Collège*   [17] l'étude du soir *Betreuung nach der Schule*   [18] la fraction partie *une fraction de seconde* Sekundenbruchteil   la poignée *ici:* Griff   [19] le frein Bremse déraper *v.* dérapage   [22] dépasser *ici:* aller plus loin se redresser se relever, se remettre debout   [23] l'équilibre *m* Gleichgewicht   la bécane *fam* vélo, bicyclette [24] dégonflé,e platt

En quatre-roues, Bouli est un expert. Celui qu'on vient de lui remettre est une vraie bête de compétition.

Les repose-pieds sont escamotables. L'assise est imperceptiblement plus inclinée vers l'avant que sur son précédent. La prise en main et la
5 propulsion sont aisées. Les chromes rutilent.

Bouli le teste immédiatement sous les yeux du vendeur et de ses parents. Il passe de l'ancien au nouveau avec une maîtrise incomparable. Il ajuste sa position et sans attendre exécute un superbe demi-tour.

10 Avant, arrière. Arrière, avant. Impeccable!

Bouli pousse sur ses bras. Le fauteuil roulant démarre comme une Formule 1.

– Extra!

Il est aux anges. Un large sourire illumine son visage. Ses yeux
15 pétillent.

Bouli a treize ans.

Il ne garde aucune séquelle cérébrale des six semaines de coma passées à l'hôpital en soins intensifs. Il fonce, se bat et réussit à surmonter les difficultés.

20 C'est aux commandes de son nouveau fauteuil roulant que Bouli rentre chez lui.

Il insiste pour se débrouiller seul. Il veut grimper sans l'aide de son père dans la voiture aménagée pour son handicap. C'est un peu laborieux, mais il y arrive.

25 – Bravo! s'écrie sa mère.

À travers la vitre arrière, sur le chemin du retour, Bouli observe le paysage. S'il lui arrive de croiser un cycliste, il détourne le regard – davantage encore si c'est un jeune de son âge.

---

[3] **le repose-pied** Fußstütze   **escamotable** *adj* (hoch)klappbar   **l'assise** *f* Sitz, *v s'asseoir*   **imperceptiblement** *adv* kaum wahrnehmbar   [4] **incliné,e** geneigt **le précédent** celui qu'il avait avant   **la prise en main** Bedienung, Handhabung [5] **la propulsion** Antrieb   **aisé,e** facile   **rutiler** brillen   [7] **la maîtrise** Können, Kontrolle   [8] **ajuster** régler   **exécuter** réaliser   [10] **impeccable** *fam* parfait [14] **être aux anges** *loc* être content   [15] **pétiller** funkeln   [17] **la séquelle** Folgeschaden **cérébral,e** Hirn-   [18] **les soins intensifs** *ici:* Intensivstation   **foncer** aller de l'avant [20] **la commande** Steuerung   [22] **se débrouiller** zurechtkommen   [23] **aménager** préparer, équiper   [24] **laborieux,se** *ici:* difficile   [27] **croiser** voir, rencontrer

Bouli retournera au collège dès la rentrée prochaine. Depuis qu'il est sorti du coma, il a suivi des cours par correspondance. Il n'a d'ailleurs fait que les suivre sans jamais les rattraper. Personne ne lui faisant de remontrance sur son travail scolaire et ses notes plus que moyennes, Bouli en a profité pour étudier en «amateur».

Cette année il entre en cinquième alors qu'il devrait être en quatrième.

– On y est, annonce son père.

Il gare la voiture devant la maison, sort, va ouvrir la grille, puis la porte du passager arrière. La mère de Bouli est déjà dans l'allée, elle fouille dans son sac pour trouver les clés.

– Tu veux que je t'aide? demande son père.

Le regard noir de Bouli est une réponse claire.

Nouveau titre en première page du journal local: *La police nationale et la police municipale sur les dents. Des 4x4 principalement visés.*

Pull rouge, pantalon vert, chaussures bleues – Bouli se voit de loin.

Au début il n'a pas été facile d'expliquer à sa mère les raisons de ce changement vestimentaire.

Une débauche de couleurs qui, après à peine une semaine de collège, fait de Bouli un sémaphore vivant.

Le garçon est revenu à la charge à de nombreuses reprises.

– Écoute, maman. Quand on te regardera comme un animal curieux à longueur de journée, tu comprendras… Quitte à être voyant, autant l'être vraiment!

---

² **les cours par correspondance** Fernunterricht   ³ **rattraper** einholen
⁴ **la remontrance** remarque, critique   ¹¹ **fouiller** chercher   ¹⁵ **être sur les dents** *loc* être très occupé   **visé** *ici:* être la cible   ¹⁹ **la débauche** quantité   ²⁰ **le sémaphore** *fig* Signal   ²¹ **revenir à la charge** *ici:* demander   ²³ **quitte à** *loc adv* au risque de   **voyant,e** *adj* qui attire la vue, se voit de loin

Bouli refuse de se fondre dans le décor. Son handicap et sa prothèse roulante sont suffisamment présents pour qu'il n'essaie pas de passer inaperçu.

Alors il choisit le contre-pied pour éliminer l'adversaire. Bouli est
5 un ovni bariolé dans la grisaille du collège. Bouli est le type qui se balade dans une tenue extravagante. Il n'est plus ce garçon handicapé qu'on plaint par-derrière en faisant semblant de ne pas s'en apercevoir par-devant.

Ses parents ont fini par céder devant sa lubie. Sa mère a chamboulé
10 la garde-robe de son fils. Son armoire s'est transformée en palette de peintre. Noir, blanc et gris ont été bannis.

Bouli est un «Van Gogh à roulettes» – l'expression est de lui.

Côté collège, petit à petit l'appréhension des premiers jours s'est dissipée. Le principal et l'administration se sont mis en quatre pour
15 permettre à Bouli d'assister aux cours.

Bouli a découvert que les couloirs étaient des pistes de vitesse sensationnelles. Il n'est pas rare de le voir piquer un sprint en fonçant dans le tas.

Le garçon a mis au point une technique infaillible pour éviter les
20 carambolages: il siffle afin de prévenir de l'arrivée imminente du bolide.

Personne n'ose lui faire la moindre réflexion sur ses chevauchées dans les couloirs.

Pour Bouli, la *jungle* est ailleurs.

Titre en deuxième page du journal local: *Douze véhicules ont vu leurs*
25 *quatre pneus dégonflés dans la semaine. On soupçonne un groupe anti-4x4.*

---

[1]**se fondre** ne pas être vu [2]**passer inaperçu** unauffällig erscheinen [4]**le contre-pied** contraire [5]**l'ovni** *m* objet volant non identifié (*UFO*) **bariolé** coloré **la grisaille** monotonie, tristesse [9]**la lubie** Marotte **chambouler** *fam* changer complètement [11]**bannir** verbannen [13]**l'appréhension** *f* peur [14]**dissiper** disparaître **se mettre en quatre** *loc fig* faire beaucoup d'efforts [17]**piquer un sprint** *fam* einen Spurt einlegen **foncer dans le tas** aller très vite, droit devant soi [19]**infaillible** unfehlbar [20]**imminent,e** immédiat, proche **le bolide** voiture très rapide [21]**la chevauchée** *fig* course [25]**soupçonner** verdächtigen

Dès le deuxième trimestre, malgré les intempéries et le froid, Bouli a convaincu ses parents de le laisser aller au collège par ses propres moyens, qui se résument à son fauteuil, ses mains et ses bras déjà très musclés pour un garçon de son âge.

Sa mère a déniché dans une braderie un superbe poncho imperméable violet, un chapeau de marin évidemment jaune et ciré, des bottes fourrées et une alèse en caoutchouc qu'elle a retaillée à la bonne dimension. Bouli l'installe sur ses jambes quand il pleut à verse. 5

Cartable sur les genoux et gants chauds aux mains, Bouli sort de chez lui à sept heures du matin. Il entame son périple vers le collège. Cinquante minutes lui sont nécessaires si tout va bien, sinon… 10

Ce matin, la *jungle* semble s'être peuplée d'une faune particulièrement abondante.

À peine a-t-il parcouru deux cents mètres qu'un amoncellement de poubelles lui barre le chemin. 15

Il doit descendre du trottoir, ce qu'il accomplit sans trop de difficultés. Remonter se révèle une autre paire de manches.

Il bataille en obliquant dangereusement en arrière, puis se propulse de toutes ses forces pour franchir la hauteur du trottoir. L'exercice lui coupe le souffle. 20

Il s'éloigne, passablement de mauvais poil.

Après les poubelles, ce sont les bagnoles les pires ennemies. Caisses, chars, carrosses … peu importe comment on les appelle. La voiture et sa verrue vissée au volant – le conducteur –, le regard mauvais et le pied lourd sur l'accélérateur sont des prédateurs. 25

Bouli est le gibier.

---

¹l'intempérie *f* mauvais temps ⁵dénicher trouver la braderie Trödelmarkt, Ausverkauf ⁶imperméable *adj* wasserdicht ciré,e imperméable ⁷fourré,e gefüttert l'alèse *f* Matratzenschoner retailler découper ⁸à verse *loc adv* beaucoup ¹⁰le périple voyage ¹²se peupler sich füllen la faune *fig et péj* ensemble de gens caractéristiques ¹³abondant,e nombreux ¹⁴l'amoncellement *m* Menge, Ansammlung ¹⁵barrer versperren ¹⁶accomplir faire ¹⁷(c'est) une autre paire de manches *fam loc* c'est plus difficile ¹⁸batailler *fam* se battre, lutter obliquer *ici:* se pencher se propulser *fam* y aller, avancer ²⁰couper le souffle den Atem nehmen ²¹(être) de mauvais poil *fam* de mauvaise humeur ²²la bagnole / caisse / le char / la carrosse *fam* voiture ²⁴la verrue Warze vissé à fixé ²⁵l'accélérateur *m* Gaspedal le prédateur Raubtier ²⁶le gibier Beute

11

S'il n'a aucun souvenir de son accident, Bouli sait néanmoins que le véhicule qui l'a percuté ce jour-là, il y a deux ans, à quelques mètres de chez lui à la sortie du rond-point, était un monstre conduit par un père de famille pressé de rentrer chez lui. Un type estimé sans histoires, un homme sympathique, paraît-il.

Il n'a jamais cherché à rencontrer son *assassin* – c'est ainsi qu'il l'appelle.

– En plus, aime-t-il à préciser, un assassin maladroit… La preuve, je suis encore en vie!

La blague ne fait rire que lui.

Il est sept heures trente, Bouli est déjà en retard. La voiture est garée à cheval sur le trottoir. Elle lui interdit le passage.

Il l'a repérée de loin, espérant qu'elle serait partie avant qu'il ne parvienne à sa hauteur.

Cette portion du trajet est un peu comme un marigot. Les grands fauves viennent s'y abreuver.

Sur le trottoir opposé: une boulangerie. À cette heure matinale, beaucoup d'automobilistes s'arrêtent pour acheter pain ou croissants. Les places de parking étant insuffisantes, on se gare comme on peut.

D'expérience, Bouli a constaté que le sexe des conducteurs y fait peu. Femelle ou mâle, la bête n'hésite jamais à s'arrêter n'importe où, abandonnant moteur en marche sa carapace à quatre roues, les feux de détresse allumés en guise d'avertissement.

Les gaz d'échappement sont pour Bouli une source d'asphyxie permanente. À sa hauteur, il profite à volonté de doses massives – comme les mouflets en poussette.

---

[1]**néanmoins** *adv* pourtant, cependant [2]**le véhicule** Fahrzeug **percuter** anfahren
[4]**estimer** schätzen [6]**l'assassin** *m* Mörder [8]**maladroit,e** ungeschickt [10]**la blague** Scherz [12]**à cheval** *loc adv ici:* zur Hälfte [13]**repérer** *fam* remarquer, apercevoir
[14]**parvenir** arriver [15]**le trajet** Strecke **le marigot** endroit où il y a de l'eau, marais
[16]**le fauve** Raubtier **s'abreuver** boire [22]**la carapace** Panzer **les feux de détresse** Warnblinklicht [23]**en guise de** comme **l'avertissement** *m* Warnung [24]**les gaz d'échappement** Abgase **l'asphyxie** *f* Ersticken [26]**le mouflet** *fam* petit enfant
la poussette Kinderwagen

Bouli descend une nouvelle fois du trottoir. Il est sur la route, à ses risques et périls[1], mais comment faire autrement?

Titre en bas de page à la une du journal local: *Souriez, vous êtes dégonflés! Les «terroristes» anti-4x4 ont de l'humour.*

Ce soir Bouli est fatigué. Il rentre chez lui à petite allure[5]. Son cartable pèse sur ses jambes. Les muscles de ses bras sont noués[6]. Son fauteuil lui fait l'impression d'une masse horriblement lourde qu'il doit traîner[7] sous lui. Heureusement il n'est plus très loin. Il reste à négocier[8] la grande descente avant le rond-point.

Alors quand il rencontre sur son chemin un 4 x 4 garé sur un bateau[10] et obstruant[11] le passage, son sang ne fait qu'un tour[12]. 10

D'un mouvement rageur, il donne une impulsion à son fauteuil qui se cabre[13].

Bouli se précipite[14] derrière le véhicule. Le moteur est coupé, aucune fumée ne sort du pot d'échappement[15]. 15

Bouli descend du trottoir et s'engage[16] sur la route. Il longe prudemment[17] la voiture. Il pose une main sur le capot. La tôle est froide.

– C'est pas possible!

Il exécute un demi-tour rageur et se fait klaxonner par une berline[19] qui l'évite de justesse[20]. 20

Cette fois-ci il ressent le besoin[21] d'affronter le conducteur, et en l'attendant, Bouli prépare deux allumettes[22]. Il garde toujours sur lui une boîte d'allumettes familiale.

Bouli n'éprouve[24] aucun plaisir. Il n'est pas un redresseur de torts. Il voudrait simplement qu'on le respecte, lui et tous les piétons, les 25

---

[1]**à ses risques et périls** *loc* auf eigenes Risiko [5]**à petite allure** pas très vite [6]**noué,e** verkrampft [7]**traîner** hinterherziehen [8]**négocier** *ici:* maîtriser, entreprendre [10]**le bateau** *ici:* abgesenkter Bordstein [11]**obstruer** bloquer **son sang ne fait qu'un tour** *loc* empört sein [12]**rageur** *adj* wütend [13]**se cabrer** sich aufbäumen [14]**se précipiter** sich (hinunter)stürzen **couper** *ici:* arrêter [15]**le pot d'échappement** Auspuff [16]**s'engager** *ici:* entrer **longer** entlang gehen/fahren [17]**prudemment** vorsichtig **le capot** Motorhaube **la tôle** Blech [19]**la berline** voiture [20]**de justesse** *loc adv* de peu [21]**le besoin** désir, envie [22]**l'allumette** *f* Streichholz [24]**éprouver** avoir, ressentir **le redresseur de torts** edler Ritter

poussettes, les landaus, les personnes âgées, les malades, les chiens, les Martiens…

Dix minutes plus tard, une femme se dirige dans sa direction. Elle tient un trousseau de clés à la main.

5 Elle doit certainement trouver étrange ce garçon, sur la route, dans son fauteuil, à côté de sa voiture.

– Tu as un problème? demande-t-elle quand elle arrive à sa hauteur.

Bouli se dit qu'elle pourrait être sa mère ou sa tante ou une amie de ses parents. C'est une femme ordinaire comme on en rencontre à
10 chaque coin de rue.

Le garçon ne répond pas. Il fixe son regard sur elle. Elle a un mouvement d'hésitation.

– Ça va? insiste-t-elle.

– Le problème, c'est vous qui l'avez… réplique Bouli.

15 Elle ne comprend pas. Elle écarquille les yeux avant de se rapprocher du garçon.

– Qu'est-ce que tu dis?

Bouli pense qu'en définitive il a eu tort. Il aurait préféré ne pas la rencontrer. Elle est trop commune, si différente de ce qu'elle doit être
20 derrière un volant.

À la maison, sa mère soutient que les femmes conduisent mieux que les hommes. «C'est prouvé», dit-elle, avec un air de défi.

Une petite phrase qui titille son père.

Bien au chaud chez soi, la bagnole continue de faire des ravages.
25 C'est un brin agacé que son père répond: «N'importe quoi…»

– Ma mère pense que les femmes sont de meilleures conductrices que les hommes, dit Bouli.

---

[1] **le landau** Kinderwagen [2] **le Martien** Marsmensch [4] **le trousseau de clés** Schlüsselbund [15] **écarquiller** aufreißen [18] **en définitive** *loc adv* après tout, finalement [19] **commun,e** banal [22] **un air de défi** mit herausforderndem Blick/Ausdruck [23] **titiller** *fig* énerver [24] **le ravage** Schaden [25] **un brin agacé** un peu énervé

– Quoi? Qu'est-ce que tu me chantes? Allez, viens, je vais t'aider à remonter sur le trottoir.

Parfois les fauves manquent d'instinct et font une erreur d'appréciation.

Bouli se sent rabaissé, humilié. Ses mâchoires se crispent. Il recule alors que la femme s'apprête à lui venir en aide. 5

– Eh bien! Tu joues à quoi? s'irrite-t-elle.

Gros titre à la une du journal local: *C'était un gamin en fauteuil roulant!*

– Qu'est-ce qui t'a pris? demande l'enquêteur. 10

La boîte d'allumettes est posée sur la table. Bouli n'a fait aucune difficulté pour expliquer comment il s'y prenait.

Les allumettes enfoncées dans les valves des pneus.

Les affichettes coincées dans les portières: *souriez, vous êtes dégonflé.* 15

Bouli en avait tendu une à la femme. Elle l'avait prise. Elle l'avait lue. Son visage s'était décomposé.

Les deux pneus côté route de son 4 x 4 étaient dégonflés. Bouli lui souriait. Il avait enfin le courage d'affronter la bête en face.

La femme avait téléphoné à la police avec son portable. Elle avait 20 giflé Bouli.

– On ne frappe pas un handicapé, avait-il dit très calmement.

La femme avait piqué une crise. Elle s'était mise à lui crier dessus. Puis la police était arrivée.

– Des fauves, répond Bouli. 25

---

[1] **chanter** *fig* dire, raconter [4] **l'appréciation** *f* Einschätzung [5] **rabaisser** herabsetzen **humilier** demütigen **la mâchoire** Kiefer **se crisper** sich verkrampfen [6] **s'apprêter** se préparer [10] **l'enquêteur** *m* policier [13] **enfoncé,e** hineingedrückt **la valve** Ventil [14] **l'affichette** *f* Zettel **coincé,e** eingeklemmt [17] **se décomposer** sich verzerren [19] **affronter** gegenübertreten [21] **gifler** ohrfeigen [23] **piquer une crise** *fam* se mettre en colère

L'inspecteur hoche la tête.

– T'es un marrant, toi, dit-il. Le pire, c'est que tu vas devenir une vedette dans les médias… alors que tu n'es finalement qu'un voyou en herbe.

5 – Non, un chasseur…

Bouli a eu peur quand on l'a conduit au commissariat, son fauteuil dans le coffre de la voiture de police, lui sur la banquette arrière.

La peur a maintenant disparu. Bouli se sent étrangement délivré d'un poids.

10 Titre du journal local: *Une association anti-4x4 prend la défense du jeune dégonfleur de pneus.*
La voiture tout-terrain en pays conquis?
Début de l'article: *Ils envahissent les rues, affichent leur profil de tank, de monstre arrogant et pollueur. Ils stationnent impunément sur les*
15 *trottoirs. Les piétons et les deux-roues n'ont qu'à dégager et se faire une raison…*

---

[1]hocher la tête den Kopf schütteln   [2]marrant *fam* amusant, drôle   [3]la vedette Star   le voyou en herbe angehender Gauner   [8]délivré rendre libre, libérer   [12]en pays conquis *loc fig* unverschämt   [13]afficher montrer   [14]le tank Panzer   impunément ungestraft   [15]dégager *fam* Platz machen, verschwinden   se faire une raison sich mit etw abfinden

Le refus

Corentin est un garçon intelligent, sensible et aussi timide. Il n'a pas dit un mot avant l'âge de trois ans. Ses parents s'inquiétaient, mais dès qu'il a parlé, ce fut comme si une digue sautait. Sa curiosité est devenue insatiable et son besoin d'apprendre impérieux. Il a sauté la classe de 5
CP, puis celle de CM1.
Aujourd'hui il est en seconde au lycée.

Sept heures trente ce lundi matin, il fait encore nuit. Les lampadaires municipaux distillent une lumière jaune laiteuse.
Corentin, contrairement à son habitude, marche dans l'ombre. Il a 10
choisi le côté de la rue le moins éclairé. Quand il passe devant une vitrine, il accélère.
Son attitude est empruntée. Parfois il s'arrête, recule d'un pas, puis repart.
Il lui faut environ quinze à vingt minutes à pied pour aller de l'ap- 15
partement de ses parents au lycée. Quand il aperçoit devant lui un de ses condisciples, il prend soin de se maintenir à bonne distance.
Il a croisé quelques passants pressés qui ne se sont pas souciés de lui. Pourtant, à chaque fois, son cœur s'est emballé et sa respiration s'est accélérée. Il est à la fois résolu et hésitant. 20

Hier, dimanche, ses parents sont allés chez des amis.
– Tu es certain que tu ne veux pas venir, Corentin? lui a demandé sa mère.
– Oui, j'en suis sûr.

---

² **timide** *adj* schüchtern   ⁴ **la digue** Damm   **sauter** *ici:* brechen   ⁵ **insatiable** unersättlich   **impérieux** übermächtig   ⁶ **CP** *abr* cours préparatoire *entspricht der ersten Klasse* **CM1** *abr* cours moyen première année *entspricht der 4. Klasse* ⁷ **la seconde** *entspricht der 10. Klasse* ⁸ **le lampadaire** Straßenlaterne ⁹ **distiller** *fig* verbreiten **laiteux,se** milchig ¹² **accélérer** aller plus vite *contr* ralentir ¹³ **emprunté,e** *ici:* unsicher ¹⁷ **le condisciple** Mitschüler ¹⁹ **s'emballer** battre plus vite ²⁰ **résolu** entschlossen **hésitant** zögernd

Il a senti qu'elle attendait une explication. Elle savait que son fils n'était pas indifférent à Emma, la fille de la famille. Jusque-là, Corentin avait toujours insisté pour les accompagner.

– J'ai des contrôles importants demain. Il faut que je révise, a-t-il menti.

5 Sa mère a hoché la tête.

– Tout va bien en classe?

Elle était surprise. Corentin était un élève que l'on peut qualifier de surdoué. Il avait pris l'habitude de ne jamais travailler le dimanche.

– Oui, maman. Simplement, je veux avoir une bonne note.

10 Corentin a avalé sa salive. Ce qu'il venait de dire était totalement idiot. Avec 19 de moyenne générale, *avoir une bonne note* n'avait aucun sens dans sa bouche.

– Comme tu voudras…

Corentin approche du lycée. Les cours commenceront dans dix mi-

15 nutes. Des élèves attendent devant les grilles. D'autres entrent et se dirigent vers l'intérieur du bâtiment, vers l'agora illuminée où ils vont se mettre au chaud.

Corentin a décidé d'attendre le dernier moment. Il sait qu'une fois à l'intérieur, il ne sera plus invisible. Il redoute le moment où il devra se

20 montrer. Dans un même élan, il appréhende les réactions et les souhaite. Jongler entre ses deux attentes contradictoires le rend nerveux et inquiet.

Il n'a pas dormi de la nuit ou si peu. Il transpirait puis grelottait, et transpirait à nouveau. Il a tourné le problème dans sa tête des dizaines de fois. A-t-il raison? Qu'est-ce que ça changera? Ses parents seront

25 forcément informés? Que leur dira-t-il? Que vont-ils penser? Com-prendront-ils?

---

[2] **indifférent** gleichgültig   [4] **réviser** üben   [5] **hocher la tête** den Kopf schütteln
[8] **surdoué** hochbegabt   [10] **avaler sa salive** *loc fig* se retenir de parler   [16] **l'agora** *f ici:*
hall d'entrée   **illuminé** beleuchtet   [19] **redouter** craindre   [20] **appréhender** avoir peur
[21] **l'attente** *f* Erwartungen, *v.* attendre   [22] **grelotter** trembler de froid   [25] **forcément**
zwangsläufig

Hier, dimanche, dès que la porte d'entrée s'est refermée sur ses parents, Corentin s'est hâté vers la fenêtre du salon. Il a regardé en contrebas et les a vus sortir de l'immeuble, puis marcher sur le trottoir d'en face. Ils ont disparu à l'angle de la rue. Son père gare toujours la voiture dans une impasse voisine. Il a encore attendu, au cas où ils auraient oublié quelque chose.

Plus tard il a fouillé.

Il n'était encore jamais entré dans leur chambre en leur absence. Corentin a pris soin de ne rien déranger et de remettre à sa place le moindre vêtement, le plus petit objet.

Il lui a fallu une heure avant de se décider.

La question la plus délicate était de savoir si ses parents ne s'en apercevraient pas en rentrant. Son choix s'est donc porté sur de l'ancien.

Corentin a quitté la chambre parentale, un long filet de transpiration coulait dans son dos. Il s'est précipité vers la sienne, le souffle court. Il y est entré en trombe. D'un regard circulaire il a fait le tour de la pièce.

Où pouvait-il les cacher en attendant le lundi matin?

Huit heures moins cinq, la lumière du jour naissant mange l'obscurité. Corentin consulte une nouvelle fois sa montre à son poignet gauche. La trotteuse semble galoper plus vite que d'habitude.

«Et si je faisais demi-tour?» pense-t-il.

Ce serait la première fois qu'il sécherait les cours. L'idée n'est pas totalement saugrenue. Corentin hésite. Il est encore temps de flancher et de rentrer dans le rang.

– Corentin!

Il se retourne. C'est un élève de sa classe, à peine à trente mètres. Il le voit marquer un temps d'hésitation – visiblement quelque chose cloche.

---

2 **se hâter** se dépêcher   3 **en contrebas** *loc adv* nach unten   4 **l'angle** *m* coin   5 **l'impasse** *f* Sackgasse   **voisin,e** *adj* proche   7 **fouiller** chercher   14 **le filet de transpiration** Schweißfaden   15 **se précipiter** sich (hinunter)stürzen   16 **en trombe** *loc* à toute vitesse   **faire le tour** *ici:* regarder autour de lui   18 **l'obscurité** *f* Dunkelheit   19 **le poignet** Handgelenk   20 **la trotteuse** Sekundenzeiger   22 **sécher un cours** *fam* schwänzen   23 **saugrenu,e** absurde, bizarre   **flancher** *fam* schwach werden   24 **rentrer dans le rang** klein beigeben   27 **clocher** nicht stimmen

19

L'interpellation surprise de ce camarade ne laisse plus de choix à Corentin. Il fonce.

– Corentin! entend-il encore une fois derrière lui.

Il franchit les grilles du lycée sans voir personne. Il fonce. Il entre dans l'agora. La lumière est violente. Il cligne des yeux. Le premier cours est du français en salle 112, à l'étage. Il fonce. Il grimpe les escaliers trois par trois. Il arrive dans le couloir. La porte de la salle est ouverte. Des élèves entrent. Corentin fonce. Les places ont été attribuées par le professeur en début d'année. Ils sont deux par table. Le lycéen avec qui il partage la sienne est déjà là, assis. Plié en deux, il farfouille dans son sac à dos. Corentin n'hésite pas une seconde. Il fonce. S'assoit et ne bouge plus.

Comme il n'a pas dormi, il n'a pas eu de difficulté à se réveiller ce lundi matin. Il est passé aux toilettes, puis s'est débarbouillé dans la salle de bains. Il s'est habillé, comme il le fait toujours avant le petit déjeuner. La coutume veut qu'on le prenne en famille.

Corentin s'est assis à sa place, a déplié sa serviette qu'il a posée sur ses genoux.

– Tu aurais dû venir hier. On s'est bien amusés… a dit son père. Emma était contrariée que tu ne sois pas là.

Sa mère a servi le chocolat chaud pour lui, et pour eux du café.

– Ça va? l'a interrogé son père. Tu as l'air bien pâle.

– Je vais bien, papa.

Ils ont bu et mangé.

À sept heures précises, son père est parti travailler. Sa mère a rangé les couverts sales dans le lave-vaisselle. Elle a nettoyé la table de la cuisine avant d'aller prendre une douche.

Corentin n'a pas perdu de temps. Il s'est enfermé dans sa chambre. Il en est ressorti moins de cinq minutes plus tard. Son sac à dos, qui lui sert de cartable, sur l'épaule, il s'est rendu dans le hall d'entrée. Il a mis ses chaussures et enfilé une veste chaude.

---

[1] l'interpellation *f* Zuruf   [2] foncer aller très vite   [5] cligner des yeux blinzeln
[9] attribuer zuweisen   [10] plié en deux gebückt   [11] farfouiller *fam* herumstöbern
[14] se débarbouiller se laver   [17] déplier auseinanderfalten   [20] contrarié verärgert, erbost   [22] pâle blass

– J'y vais, maman! a-t-il crié.

Il n'a pas attendu que sa mère, une serviette enroulée autour du corps et coincée sous les bras, le cou constellé d'une myriade de gouttelettes d'eau, vienne l'embrasser et lui souhaiter une bonne journée.

Corentin a filé comme un voleur.

Certains l'ont vu. Il en est sûr. Les murmures, les coups de coude, les regards appuyés sont autant de preuves s'il en fallait.

Corentin s'oblige à regarder droit devant lui un point imaginaire à hauteur du tableau noir. Il se colle le plus possible contre la table, le bas du corps dissimulé en dessous. Son voisin n'a rien remarqué – pas encore. Il vient à peine de se redresser et prépare ses affaires. Quelqu'un derrière lui l'apostrophe. Il ne bronche pas.

– Eh! Corentin! répète-t-on dans son dos.

Il ne répond pas. Il se contente de faire la sourde oreille.

Les murmures enflent et deviennent brouhaha. On se passe le mot. Corentin ignore cette montée en puissance du chahut, comme s'il ne le concernait pas. Pas maintenant. Il n'est pas prêt. Il a besoin d'encore un peu de temps pour endosser son rôle.

Lui qui n'a jamais désobéi, jamais transgressé, jamais milité pour rien ni personne se sent soudain écrasé sous le poids de la différence. Et il n'est plus très sûr de le vouloir.

– Un peu de silence, ici! Vous vous croyez où?

Le professeur de français vient de lui sauver la mise en entrant dans la salle. Il pose son cartable en cuir sur sa chaise, l'ouvre et en sort une liasse de copies doubles.

---

³**coincé,e** eingeklemmt **constellé,e de** plein de **la myriade** très grand nombre
⁴**la gouttelette d'eau** Wassertröpfen ⁵**filer** *ici:* sich davon machen ⁶**le murmure**
Murmeln **le coup de coude** Ellenbogenstoß ⁷**appuyé** eindringlich ⁹**se coller**
sich drücken ¹⁰**dissimulé** caché ¹¹**se redresser** se relever, se remettre debout
¹²**apostropher qn** zurufen **broncher** réagir ¹⁴**faire la sourde oreille** *loc* ne pas
entendre ¹⁵**enfler** *ici:* lauter werden ¹⁶**le chahut** Aufruhr, Lärm ¹⁷**concerner**
betreffen ¹⁸**endosser** prendre, accepter ¹⁹**transgresser** gegen Regeln verstoßen
²⁰**écrasé** erdrückt, erschlagen ²³**sauver la mise à qn** *loc fig* jdm etw ersparen
²⁵**la liasse** Bündel **la copie double** devoir écrit sur une feuille volante

– Je vais vous rendre vos devoirs sur table … et, comme de bien entendu, vous vous êtes surpassés …

Corentin se doute que sa note sera la meilleure de la classe. Il espère simplement que ce matin le professeur ne le félicitera pas et ne le montrera pas en exemple comme ça lui arrive trop souvent.

Il n'est jamais bon d'être une grosse tête – aujourd'hui encore moins.

Pourquoi a-t-il réagi ainsi? Corentin ne saurait le dire.

Quand il a appris ce qui était arrivé à un élève de première L, Corentin ne s'est d'abord pas senti concerné. Les événements avaient eu lieu un soir, à la fin des cours, devant le lycée.

Des élèves ont pris l'habitude de traîner, de fumer et de refaire le monde devant les grilles. Pas lui.

Dès sa journée terminée, Corentin rentre chez lui. Il n'a rien à faire avec ceux-là. D'abord parce qu'il n'a pas encore quatorze ans. Eux ont plus de seize, dix-sept et même dix-huit ans. Et puis Corentin ne se lie pas facilement – par timidité surtout.

L'élève de première L se prénomme Adrien. Corentin le connaît de vue. Il ne lui a jamais adressé la parole.

Quand les informations ont commencé de circuler, ce n'était qu'un garçon qui venait de se faire tabasser devant le lycée. On disait qu'il avait été conduit aux urgences. On insinuait autre chose aussi, mais Corentin n'a pas prêté l'oreille aux racontars.

Le lendemain, il y a une semaine maintenant, les conditions de l'agression ont été connues. Elles confirmaient certains ragots. Adrien avait été frappé et insulté. Les agresseurs avaient craché sur lui. On l'avait traité de «gonzesse», de «fofolle», de «tante».

---

¹ **le devoir sur table** interrogation écrite   ² **se surpasser** sich selbst übertreffen
⁶ **la grosse tête** *fam ici:* le meilleur élève   ¹¹ **traîner** trödeln, bummeln   ¹² **les grilles**
f ici: Schultor   ¹⁵ **se lier** *ici:* sich anfreunden   ¹⁹ **circuler** kursieren   ²⁰ **tabasser** *fam*
battre   ²¹ **les urgences** *f* Notaufnahme   **insinuer** andeuten   ²² **le racontar** Tratsch
²⁴ **confirmer** bestätigen   **le ragot** *fam* Klatsch   ²⁵ **insulter** beleidigen   **cracher**
spucken   ²⁶ **la gonzesse** *fam péj* Tussi   **le fofolle** *péj* homosexuel efféminé   **la tante**
fam vulg ici: Schwuchtel, Tunte

Les auteurs, quatre terminales, ont été interpellés.

Des témoins ont donné leur version des faits. La police enquêtait, on en saurait davantage au fil des jours.

L'après-midi, en classe d'histoire-géo, le professeur a dit:

– À la demande du proviseur, nous allons discuter des faits graves   5
qui se sont déroulés devant l'établissement. Vous savez tous, je sup-
pose, de quoi il s'agit, ainsi que les raisons pour lesquelles un de vos
camarades de première se trouve à l'hôpital en ce moment…

Le professeur de français distribue les copies. Il passe dans les rangs. Ce
matin ceux qui ont de mauvaises notes semblent s'en contrefiche. On   10
prend son devoir corrigé et on se tourne immédiatement vers Corentin.

Son voisin, il s'appelle Malatare, ne comprend pas pourquoi tous
les autres regardent vers eux avec autant d'insistance.

– Qu'est-ce qu'ils ont, hein? demande-t-il à voix basse.

Corentin ne répond pas. Ses mâchoires sont crispées. Des gouttes   15
de transpiration dévalent sur ses tempes.

– Malatare… voici votre devoir. Je vous laisse prendre connaissance
de votre note. Elle ne vous étonnera pas…

Le professeur est dans l'allée, à côté de leur table. Malatare prend la
feuille et grimace en voyant la note à l'encre rouge soulignée de trois   20
traits rageurs.

– Quant à vous, une fois encore vous ne me décevez pas, félicitations.

Le professeur tend la copie à Corentin par-dessus la tête de son
voisin. Pour la prendre, il faut qu'il se soulève un peu de sa chaise, mais
il ne bouge pas.   25

– Eh bien, vous attendez quoi? demande le professeur.

C'est cette discussion animée par le prof d'histoire-géo qui a tout
changé.

---

[1] l'auteur *m ici:* responsable le terminale *ici: Schüler der Abiturklasse* interpeller
festnehmen [2] le témoin Zeuge le fait Ereignis enquêter ermitteln [3] davantage
adv plus [6] l'établissement *m ici:* lycée [8] la première *scol ici: letztes Schuljahr vor
dem Abiturjahrgang* [10] se contreficher de qc auf etw pfeifen [13] l'insistance *f* Be-
harrlichkeit, Hartnäckigkeit [15] la mâchoire Kiefer crispé verkrampft [16] dévaler
glisser la tempe Schläfe [21] le trait Strich rageur *adj* wütend [27] animer mode-
rieren

23

Elle a débuté sérieusement. Chacun convenant que les raisons qui avaient conduit au tabassage d'Adrien étaient infâmes. Beaucoup se récriaient. Il fallait vraiment être débile pour agir ainsi.

– Et puis, ce ne sont peut-être que des ragots… a dit un élève.

5 Dès lors, la conversation a pris une tournure différente.

– On ne sait pas, mais… a continué un autre, évasif.

– Y a pas de fumée sans feu, a ajouté un troisième.

De petits rires aigus ont fusé çà ou là. Corentin s'attendait à ce que le professeur intervienne, mais il n'en a rien fait.

10 Deux filles ont ricané bêtement. Il n'en fallait pas davantage. Les sous-entendus ont fusé. Les rires sont devenus gras.

Le professeur, plutôt que d'y mettre un terme, a voulu relancer le débat:

– Quand bien même… Ne croyez-vous pas qu'il faille accepter
15 cette différence? Nous sommes au XXIᵉ siècle, non? Et puis, voyons, Adrien est un élève discret. Il ne cherche pas à provoquer. Rien dans son habillement ou dans ses manières ne laisse supposer…

L'intention était bonne. Le résultat a été catastrophique.

La discussion a changé de registre. Des garçons ont raconté des
20 blagues salaces. Les filles n'ont pas été les dernières à en rajouter. Jusqu'au professeur qui a eu un petit sourire en coin.

Adrien était le sujet de la farce. De victime, il est passé en quelques minutes à coupable.

– Ouais, on peut dire qu'il l'a malgré tout cherché, a commenté un
25 élève.

– Qui pense comme lui? a demandé le professeur, qui visiblement ne comprenait pas qu'en relançant le débat sur ce plan, il ne faisait que l'envenimer.

---

¹convenir zugeben ²le tabassage v. tabasser infâme niederträchtig se récrier litt sich empören ³débile schwachsinnig ⁵la tournure Wende ⁶évasif adj ausweichend ⁸aigu schrill fuser fig hageln ¹⁰ricaner bêtement albern kichern ¹¹le sous-entendu Andeutung gras ici: dreckig ¹²mettre un terme arrêter relancer reprendre ¹⁹changer de registre fig eine andere Tonart anschlagen ²⁰la blague Witz salace unanständig ²¹le sourire en coin hämisches Lächeln ²²la farce Scherz ²⁸envenimer verschlimmern

Corentin s'est soudain trouvé mal à l'aise. Un sentiment d'embarras l'a submergé, se transformant rapidement en honte.

Le fait même d'être dans cette classe avec ces élèves lui donnait la nausée. Les minutes qui passaient lui sont vite devenues insupportables.

Le professeur a tenté de rétablir l'ordre. 5

– Assez plaisanté, s'il vous plaît! Le sujet est sérieux. Pensez un peu à votre camarade…

Le calme est revenu, mais pas longtemps. Un garçon a proféré une grossièreté.

– Arrêtez! a hurlé Corentin, en se levant d'un bond de sa chaise. 10

Il y a eu un silence soudain. Les regards se sont braqués sur lui. L'air était irrespirable.

– Chochotte … a grommelé un redoublant, un grand costaud au visage grenelé d'acné.

– Vous pouvez m'expliquer? 15

Le professeur de français a obligé Corentin à se lever. L'éclat de rire a été général.

Maintenant on entendrait une mouche voler. Corentin se sent seul au monde. À peine s'il a saisi la question du professeur.

– Alors? s'impatiente celui-ci. 20

Corentin se racle la gorge. Il voudrait parler mais une boule d'angoisse l'en empêche.

– Vous jouez à quel jeu? Je ne m'attendais pas à ça de vous…

– Monsieur… articule Corentin, sa voix est faible. Je… C'est à cause de l'élève qui s'est fait agresser la semaine dernière… je… je veux pro- 25
tester contre… finit-il par balbutier sans pouvoir achever sa phrase.

– À cause de lui! s'exclame le professeur. Qu'est-ce que vous me chantez là?

---

[1] **l'embarras** *m* Verlegenheit [2] **submerger** übermannen [3] **donner la nausée** Übelkeit verursachen, Ekel erregen [4] **insupportable** unerträglich [5] **rétablir l'ordre** Ordnung wiederherstellen [6] **plaisanter** scherzen [8] **proférer une grossièreté** unflätig daherreden [11] **se braquer sur qc/qn** sich auf etw/jdn richten [12] **irrespirable** unerträglich [13] **chochotte** *fam* snob **grommeler** grummeln **le redoublant** *scol* élève qui redouble une classe **le costaud** *fam* garçon fort/robuste [14] **grenelé** *ici:* couvert de boutons [18] **la mouche** Fliege [21] **se racler la gorge** sich räuspern **la boule d'angoisse** Kloß im Hals [26] **balbutier** stammeln **achever** finir [28] **chanter** *fig* dire, raconter

L'imbécile de service imite la poule. Des rires fusent.

– Silence! hurle le prof. Le premier qui recommence aura droit à trois heures de colle, compris?

Plus personne ne moufte.

5 Malatare, le voisin de Corentin, s'est reculé comme s'il avait affaire à un pestiféré. Il se tient en équilibre sur sa chaise, les trois quarts des fesses dans le vide.

– Je ne crois pas que nous puissions trouver ici une explication à votre… à votre comportement, dit le professeur. Puis s'adressant à un
10 élève: Bouvier, vous avez la responsabilité de la classe pendant que je conduis votre camarade chez le proviseur. Vous, suivez-moi!

Corentin fait un pas de côté, se penche et range ses affaires dans son sac à dos. Des sifflets retentissent.

– Silence! crie le professeur. Allez, dépêchez-vous un peu, je crois
15 que ça suffira pour aujourd'hui, votre petit cinéma.

Quand il sort enfin de la salle 112 et se retrouve dans le couloir, Corentin respire.

– Vraiment votre attitude me surprend. Vous allez devoir vous expliquer avec le proviseur…
20 Le professeur s'est retourné. Il toise Corentin en secouant la tête.

Adrien a occupé l'esprit de Corentin trois jours durant.

Ce n'est pas tant la barbarie des agresseurs que ses camarades, leur cynisme et leurs rires épais, qui l'ont écœuré. Il s'est senti lui-même sale puisqu'il était des leurs, comme eux, de la même eau.

25 Le soir même, à l'occasion du dîner, il a abordé le sujet avec ses parents. Il a exposé les faits et les débats de l'après-midi.

---

¹l'imbécile *(m)* de service *loc* Depp vom Dienst   ³la colle *scol* Nachsitzen   ⁴moufter *fam* parler, se faire remarquer   ⁶le pestiféré Pestkranker   en équilibre im Gleichgewicht   ⁷les fesses *f* Gesäß   ¹¹conduire *ici:* accompagner   le proviseur directeur du lycée   ¹²se pencher sich bücken   ¹³le sifflet Pfiff   retentir ertönen   ¹⁷respirer *ici:* aufatmen   ¹⁸l'attitude *f* Verhalten   ²⁰toiser verächtlich anschauen   ²³écœurer ekeln   ²⁴de la même eau *loc* du même genre

Ses parents ont montré de la compassion pour la victime. Ils ont dit que les quatre élèves de terminale méritaient d'être punis. Il n'y avait que des brutes pour commettre de tels actes. Puis le repas a continué comme si de rien n'était.

Après le dessert, alors qu'il repliait sa serviette, le père de Corentin a dit: 5

– Tu sais, cet élève de première L, la victime, tout de même, il aurait pu faire attention…

– Mais il ne savait pas qu'il allait être agressé à la sortie du lycée, papa.

– Non, non, ce n'est pas de ça dont je parle. Je veux dire qu'il aurait 10 pu être plus discret, tu ne crois pas?

Soudain, les bruits de la vaisselle que sa mère débarrassait ont semblé à Corentin plus explosifs que des décharges de fusils.

– Discret? a-t-il fini par dire. Discret pour quoi?

– Allons, Corentin, ne fais pas l'idiot, tu sais très bien de quoi je 15 parle…

– Ton père n'a pas tort, mon chéri… a renchéri sa mère.

Dans sa chambre où il s'était réfugié, Corentin a beaucoup réfléchi. Au lycée, aux professeurs, à ses parents et à la société en général.

La rage le faisait crisser des dents. Il en voulait au monde entier. Il 20 en avait mal au ventre. Il s'est calmé en bourrant son oreiller de coups de poing.

Avant de s'endormir, sa décision était prise.

Corentin se tient debout devant le bureau du proviseur.

Son entrée dans le secrétariat a fait sensation. Les deux femmes 25 qui se trouvaient là n'ont pas pu résister. Elles ont tant bien que mal étouffé leurs rires.

---

[1] la compassion Mitgefühle [2] mériter verdienen punir bestrafen [3] la brute personne brutale, violente commettre begehen [5] replier zusammenfalten [13] la décharge Schüsse le fusil Gewehr [17] renchérir *fig* ajouter [18] se réfugier *ici:* sich zurückziehen [20] crisser des dents mit den Zähnen knirschen [21] bourrer *ici:* traktieren [25] faire sensation Aufsehen erregen [27] étouffer unterdrücken

– Peux-tu me dire ce que c'est que cet accoutrement? demande le proviseur.

Le tutoiement dérange Corentin. Il le rabaisse.

Corentin tremble. Ses mains sont moites. Pour se donner une
5 contenance, il tente un faible sourire.

– Ça t'amuse? demande le proviseur.

– Non, monsieur.

– Alors peux-tu me dire pourquoi tu es venu au lycée ce matin habillé en…

10 Le proviseur hésite, comme si les mots étaient des fils barbelés et lui écorchaient la gorge.

– … en jupe? finit-il par dire.

C'est une vieille jupe de sa mère. Elle lui arrive au milieu des mollets. Dessous, il porte un collant noir épais. Celui qu'elle mettait quand elle
15 voulait maigrir et faisait sa gymnastique à la maison.

La jupe est un peu trop serrée et le coupe à la taille. Une maille du collant a filé sur la cuisse droite.

– Alors? s'impatiente le proviseur.

– Je voulais savoir… Je voulais comprendre… les réactions… pour-
20 quoi quand on est un garçon et… qu'on vous prend pour une fille…

– Quoi?

Le proviseur a failli s'étrangler. Il s'est levé de son fauteuil.

– Qu'est-ce que tu dis?

Corentin prend une longue inspiration.

25 – Vous allez me frapper vous aussi parce que vous me croyez diffé-rent? demande-t-il d'un trait.

Le proviseur vire au violacé. Il manque de s'étouffer quand il crie:

---

[1] l'accoutrement *m* habit, vêtement ridicule   [3] le tutoiement Duzen   rabaisser herabsetzen   [4] moite feucht   pour se donner une contenance um sicherer zu wirken   [10] le fil (de fer) barbelé Stacheldraht   [11] écorcher zerkratzen   [13] le mollet Wade   [14] le collant Strumpfhose   épais dicht   [16] serré eng   couper serrer   la maille Laufmasche   [17] filer laufen   la cuisse Schenkel   [22] faillir s'étrangler fast keine Luft mehr bekommen   [24] l'inspiration *f* Atemzug   [26] d'un trait *fig* sans s'interrompre   [27] virer au violacé sich ins Violette verfärben (*hier:* das Gesicht)   manquer de s'étouffer fast ersticken

28

– J'appelle immédiatement vos parents!

Corentin, blême, lui fait face.

– Qu'ils viennent… murmure-t-il, comme un ultime acte de défi.

Quand il a enfilé les vêtements de sa mère, ce lundi matin, après avoir retiré ses «habits de garçon», Corentin a eu une hésitation. À quoi allait bien servir sa provocation? Qu'allaient-ils comprendre, tous, ses parents y compris? Ne caricaturait-il pas justement ce qu'il voulait défendre?

Le doute s'est installé en lui durant une fraction de seconde.

– Je ne peux pas faire autrement… a-t-il murmuré.

Il allait se prouver à lui-même qu'il était… mais quoi au juste? Il le saurait en revêtant cette jupe et ce collant, il en était certain.

La société dans laquelle il vivait ne pouvait pas être celle qui venait de se révéler à lui – brutale, insensible et inhumaine. Il ne le supporterait pas.

Avant de sortir de sa chambre, Corentin s'est regardé dans la glace de son armoire.

L'image qu'il y a vue était celle d'un garçon de treize ans qui voulait devenir un homme.

---

² blême bleich faire face die Stirn bieten ³ le défi Herausforderung ⁴ enfiler mettre ⁵ retirer enlever ⁹ la fraction partie *une fraction de seconde* Bruchteil einer Sekunde ¹² revêtir mettre

Au-delà de la lecture

Changement de braquet

Avant la lecture

1. Le titre de l'ouvrage de Christophe Léon dont est tiré la nouvelle s'appelle «Désobéis». D'après vous, quel est le sujet commun de toutes les nouvelles?

2. Regardez la couverture et notez les idées qui vous viennent à l'esprit.

3. Décrivez la caricature de la page 3 et dégagez-en le message.

Pendant la lecture

1. Lisez le début du texte (p. 7, l. 1–23). Repérez tous les détails pour faire une première description du personnage principal.

2. Faites une liste ou un mind-map avec le vocabulaire autour du mot «vélo» dans le texte.

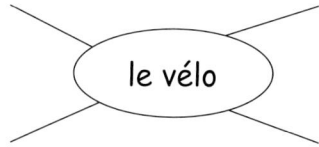

3. Lisez le texte p. 8, l. 1 – p. 9, l. 13.
   a) Comparez les détails que vous pouvez trouver concernant Bouli avec votre première description.
   b) D'après vous, qu'est-ce qui s'est passé entretemps?

4. Repérez les détails qui vous aident à décrire le caractère de Bouli (v. aussi «Comment faire le portrait d'un personnage», p. 43).

5. Lisez le texte p. 9, l. 16 – p. 10, l. 23. Expliquez pourquoi Bouli est un «Van Gogh à roulette».

6. a) Que fait Bouli dans les couloirs de l'école?
   b) Discutez: Pourquoi personne ne lui fait des reproches?

7. Avant de lire la suite de l'histoire: Qu'est-ce qui pourrait être «la jungle» pour Bouli?

8. Lisez p. 11, l. 1–26 et expliquez ce qui est «la jungle» pour Bouli.

9. Cherchez le sens des mots suivants:

la faune _____

le prédateur _____

le gibier _____

la femelle _____

le mâle _____

le marigot _____

le fauve _____

s'abreuver _____

la carapace _____

Option: Faites un dessin ou un collage pour illustrer «la jungle» de Bouli.

10. Lisez le texte p. 11, l. 1 – p. 13, l. 2. Nommez les obstacles qui empêchent Bouli d'avancer facilement.

11. Lisez le texte p. 11, l. 1 – p. 13, l. 2.
    a) Qu'est-ce que vous apprenez de l'accident de Bouli?
    b) Écrivez un court article de journal pour la rubrique «faits divers».

12. Notez les quatre titres de journaux mentionnés dans le texte.
    a) Qu'est-ce qu'un 4x4?
    b) Expliquez la phrase «Souriez, vous êtes dégonflés!» Essayez de traduire le jeu de mots.

13. Lisez p. 12, l. 5 – p. 15, l. 7. Mettez les phrases dans le bon ordre.
    ☐ Bouli dégonfle les pneus avec des allumettes.
    ☐ Une voiture 4x4 est garée sur le trottoir et barre le passage.
    ☐ Bouli attend le conducteur.
    ☐ Bouli est très fatigué.
    ☐ La femme qui conduit la voiture veut aider Bouli.

14. Expliquez la phrase «Parfois les fauves manquent d'instinct et font une erreur d'appréciation.» (p. 15, l. 3–4).

15. Lisez la fin du texte. Jouez la scène entre Bouli et la femme qui conduit la voiture.

Après la lecture

1. Pourquoi est-ce que Bouli a dégonflé les pneus des voitures?

2. Ecrivez l'article pour le titre «C'était un gamin en fauteuil roulant.»

3. Travaillez en groupe.
   a) Choisissez un des personnages: Bouli, la femme, l'inspecteur de police. Imaginez ses pensées et ses sentiments. Prenez des notes.
   b) Préparez des questions que vous aimeriez poser aux autres personnages.
   c) Un élève de chaque groupe s'assied sur la «chaise chaude» et répond aux questions des autres.
   d) Travaillez ensemble pour développer une image figée qui montre la relation entre les personnages.

4. Discutez en classe. Pour vous, est-ce que Bouli est «une vedette» ou «un voyou en herbe»?

Sur l'ensemble du texte

1. Faites un portrait détaillé de Bouli.

2. Regardez l'ensemble du texte. L'auteur utilise le présent. Quel est l'effet sur le lecteur?

3. Les parents de Bouli viennent le chercher au commissariat de police. Travaillez en groupe et choisissez un des dialogues suivants:
   a) Au commissariat de police. Écrivez un dialogue entre l'inspecteur de police et les parents de Bouli.
   b) À la maison. Bouli et ses parents sont rentrés à la maison. Écrivez un dialogue entre eux pendant le dîner.

4. Imaginez une suite de l'histoire. Bouli est au collège où tout le monde est au courant de ce qui s'est passé. Décrivez ce qui se passe à l'école après cette découverte.

5. Lisez l'extrait du roman «Ma meilleure copine» de Claire Clément, p. 48 – 50.
   a) Chapitre 3:
      1. Qu'est-ce qui est arrivé à Sarah?
      2. Comment Sarah réagit-elle pendant la visite de sa copine Léa.
      3. Décrivez les sentiments de Léa.
      4. Comparez la réaction avec celle de Bouli et ses parents.
   b) Chapitre 6:
      1. Que dit Virginie «la cata» quand Sarah retourne à l'école?
      2. Pourquoi est-ce que Sarah préfère l'école à un centre spécialisé pour les paralysés?
   c) Discutez le sujet de l'inclusion en classe. Quels sont les avantages et les difficultés quand l'école veut accueillir des élèves avec un handicap?

6. a) Lisez l'extrait du roman «De l'autre côté du mur» de Yaël Hassan, p. 51, l. 10 – p. 52, l. 2.
      1. Décrivez la situation et les sentiments de Louise après l'accident.
      2. Comparez la réaction de Louise avec celle de Bouli.

b) Lisez le texte p. 53, l. 1 – p. 54, l. 19.
   1. Décrivez les obstacles que Louise rencontre dans le jardin.
   2. Qui est Bénédicte? Pourquoi est-elle près de Louise?
c) Comparez le comportement des parents de Bouli et de Louise.

Pour aller plus loin

1. Lisez le début d'article de journal à la fin du texte. Travaillez en groupe. Choisissez une des activités suivantes:
   a) Préparez une page spéciale pour le journal. Le sujet: les voitures 4x4. Écrivez la suite de l'article de journal. Trouvez des arguments pour et contre les 4x4. Présentez la page à votre classe.
   b) Préparez un jeu de rôle pour une émission de télé avec un débat sur les 4x4. Choisissez un modérateur et des personnages qui participent à la discussion (Bouli et ses parents, un policier, un membre de l'association anti-4x4, un politicien, etc.). Préparez vos rôles en groupe et discutez en classe.

2. Observez bien votre chemin pour aller à l'école. Quels obstacles peut rencontrer une personne dans un fauteuil roulant? Et quelqu'un qui ne voit pas bien/rien?

3. Quels sont les moyens mis en place pour faciliter la vie des personnes handicapées dans votre école/ville?

4. Bouli dit: «On ne frappe pas un handicapé.» D'après vous, est-ce une règle de comportement général vis-à-vis d'une personne handicapée? Discutez en classe.

5. Développez des règles de comportements pour une bonne cohabitation entre personnes avec et sans handicap.

6. Qu'est-ce que la «désobéissance civile»?
   Est-ce que l'action de Bouli est illégale? Dans quelles circonstances ou dans quels cas a-t-on le droit de ne pas respecter la loi? Recherchez sur Internet et préparez une discussion en classe.

7. a) Cherchez le sens du mot «l'indifférence» dans un dictionnaire unilingue.
    b) Travaillez en groupe. Choisissez une des chansons des p. 55 – 58:
    Groupe 1: Lisez le texte de la chanson «L'indifférence» de Gilbert Bécaud. Répondez aux questions (p. 58) et présentez les résultats en classe.
    Groupe 2: Lisez le texte de la chanson «Pas l'indifférence» de Zaz / Jean-Jacques Goldman. Répondez aux questions (p. 56) et présentez les résultats en classe.
    c) Essayez d'expliquer le mot «l'indifférence» avec vos propres mots et / ou cherchez un exemple pour une attitude indifférente.

Option: Écrivez des vers pour continuer la chanson.

8. Lisez l'extrait du texte «Indignez-vous» de Stéphane Hessel, p. 59.
    a) Travaillez en groupe. Recherchez sur Internet.
    Groupe 1: L'auteur dit que le monde est trop complexe. C'est pourquoi il est difficile de savoir (ce) qui nous gouvernent. Cherchez des courants qui influencent la politique.
    Groupe 2: L'auteur dit que tout est interdépendant. Cherchez un exemple de l'économie (une entreprise, un produit) pour montrer l'interconnectivité dans le monde.
    Groupe 3 et 4: L'auteur dit qu'il y a des choses insupportables. Cherchez des exemples qui
    Groupe 3: montrent la violation des droits de l'homme (v. p. 60),
    Groupe 4: montrent la destruction de l'environnement.
    b) Présentez vos résultats en classe.
    c) Discutez en classe. Comment faut-il / peut-on se comporter dans un monde interdépendant?
    c) Que feriez vous si vous deviez vous engager pour une cause qui vous paraît injuste? Ensemble, développez des idées.

Le refus

Avant la lecture

1. Cherchez le sens du mot «le refus» dans un dictionnaire unilingue. D'après vous, quel est le sujet de l'histoire?

2. Est-ce que tu es curieux/curieuse? Quelles sont les matières qui t'intéressent le plus à l'école? Quel type d'élève es-tu?

3. Regardez la couverture. Un des pions est différents des autres. Imaginez les pensées et les réactions des autres.

Pendant la lecture

1. Lisez le début du texte (p. 17, l. 1–7?). Qu'est-ce qu'on apprend sur le personnage principal au début? Notez les traits de caractère et décrivez sa scolarité.

2. Lisez le texte p. 17, l. 8 – p. 18, l. 26.
   a) Décrivez la manière de marcher de Corentin.
   b) D'après vous, pourquoi est-ce qu'il ne se comporte pas comme d'habitude?

3. Cherchez des mots pour faire un mind-map.

4. Lisez le texte p. 19, l. 1–17.
   a) Pourquoi est-ce que Corentin n'accompagne pas ses parents chez leurs amis?
   ☐ Parce qu'il ne veut pas voir Emma.
   ☐ Parce qu'il veut être seul pour aller dans la chambre de ses parents.
   ☐ Parce qu'il veut réviser pour ses contrôles.
   b) Que fait-il dans la chambre de ses parents?

5. Mettez les phrases en ordre chronologique. Continuez la lecture et notez les événements des différentes journées pour compléter la grille.
   – Corentin va à l'école.
   – Corentin reste à la maison.
   – Il est nerveux.
   – Les parents de Corentin vont chez des amis.
   – Quand il rencontre un camarade de classe, il s'en va.
   – Corentin cherche des vêtements dans la chambre de ses parents.

la semaine avant	dimanche	lundi matin

6. Lisez le texte p. 19, l. 18 – p. 20, l. 12.
   a) D'après vous, pourquoi est-ce que le camarade de classe est surpris de voir Corentin?
   b) Comment est-ce que Corentin entre dans l'école?

7. Lisez le texte p. 20, l. 13 – p. 21, l. 25.
   a) Mettez les phrases dans le bon ordre.
      ☐ Il s'est levé et s'est habillé.
      ☐ Corentin s'est réveillé.
      ☐ Il s'est assis pour le petit-déjeuner.
      ☐ Corentin s'est levé.
      ☐ Corentin a pris son petit-déjeuner.
   b) Pourquoi est-ce que Corentin s'est renfermé dans sa chambre?
   c) Décrivez la réaction des camarades de sa classe.

8. Lisez le texte p. 22, l. 7 – p. 23, l. 8.
   a) Qu'est-ce qui s'est passé il y a une semaine?
   b) Imaginez comment les élèves ont réagi à cet événement.
   c) Et vous? Donnez votre opinion personnelle.

9. Lisez le texte p. 23, l. 9 – p. 26, l. 20. Mettez les phrases dans le bon ordre pour compléter la grille.
   Le prof n'arrive pas à arrêter le chahut dans la classe.
   Le prof ne comprend pas le comportement de Corentin.
   Corentin se lève et ses camarades de classe rient.
   Les élèves se mettent en colère à cause de l'attaque contre Adrien.
   Le prof conduit Corentin chez le proviseur.
   Corentin ne supporte plus les grossièretés de ses camarades.
   Les élèves se moquent d'Adrien.
   Corentin ne bouge pas quand le prof lui rend sa copie.
   La discussion prend une tournure différente.
   Corentin veut protester contre l'exclusion d'Adrien.

Discussion en cours d'histoire-géo	Réaction en classe de français

10. Que pensez-vous de la réaction des autres élèves? Et de la réaction du prof de français?

11. Imaginez la situation dans la classe de Corentin après la sortie du professeur. Jouez la scène.

12. Pourquoi est-ce que Corentin ressent de la rage après la discussion avec ses parents (p. 26, l. 21 – p. 27, l. 23)?
    Et vous? Discutez en classe.

13. Lisez la fin du texte. En quoi consiste la provocation de Corentin?

14. Préparez un jeu de rôle. Jouez la scène entre Corentin et le proviseur.

Sur l'ensemble du texte

1. a) Faites une liste des différents sentiments (hésitation vs provocation) de Corentin et de sa manière d'agir.

   b) Faites un portrait détaillé de Corentin en tenant compte du changement dans son comportement.

   c) Préparez une discussion «chaise chaude». Quelles questions est-ce que vous aimeriez poser à Corentin?

   d) Un élève joue le rôle de Corentin et s'assied sur la «chaise chaude». Les autres élèves lui posent des questions.

2. Corentin se demande: «À quoi allait bien servir sa provocation?» Discutez en classe si les autres élèves, les professeurs ainsi que ses parents vont comprendre son action.
   Imaginez une discussion entre Corentin, ses parents, le proviseur, un professeur et un élève. Préparez les rôles en groupe et discutez en classe.

3. Analysez la structure du texte. Le narrateur ne raconte pas les faits dans l'ordre chronologique. Il y a des «retours en arrière» (ou «flash-backs») et des «ellipses».

   a) Quel est l'effet sur le lecteur (avantages – difficultés)?

   b) Comment est-ce que vous trouvez cette manière de présenter l'histoire?

Pour aller plus loin

1. Voici un extrait de la chanson «Petit pédé» de Renaud:
   «T'as quitté ta province coincée
   Sous les insultes, les quolibets
   Le mépris des gens du quartier
   Et de tes parents effondrés
   [...]
   Pis toute sa vie à faire semblant
   D'être «normal», comme disent les gens
   Jouer les machos à tout bout d'champ
   Pour garder ton secret d'enfant»

a) Expliquez les réactions des gens du quartier et des parents.

b) Le père de Corentin dit «qu'il (= Adrien) aurait pu être plus discret, tu ne crois pas?» Et qu'en pensez-vous? Discutez en classe.

2. Lisez l'extrait du roman «À copier 100 fois» d'Antoine Dole, p. 61–63.

a) Décrivez la situation insupportable du personnage principal.

b) Quelle est la réaction des autres personnes (profs, père, Sarah)? D'après vous, pourquoi est-ce que beaucoup de personnes ne font rien?

c) Qu'est-ce que le personnage principal pourrait faire pour améliorer la situation? Comment pourrait-on l'aider?

3. Recherchez sur les sites Internet www.sos-homophobie.org et www.cestcommeca.net.

a) Qu'est-ce que l'homophobie?

b) Décrivez comment se défendre contre des actes homophobes.

c) Lisez l'extrait de la déclaration des droits de l'homme, p. 60. Quel rôle est-ce que les droits de l'homme joue dans votre quotidien? Comment pouvez-vous les défendre? Discutez en classe.

Le participe présent et le gérondif

Bildung des *participe présent*
Das *participe présent* wird gebildet, indem die Endung *-ant* an den Stamm der 1. Person Plural Präsens gefügt wird.

Infinitiv	1. P. Pl. Präsens	*Participe présent*
entrer	*nous entrons*	*entrant*
attendre	*nous attendons*	*attendant*
venir	*nous venons*	*venant*
finir	*nous finissons*	*finissant*
aller	*nous allons*	*allant*
faire	*nous faisons*	*faisant*

Sonderformen:

avoir	*ayant*
être	*étant*
savoir	*sachant*

Verwendung des *participe présent*
Das *participe présent* kann in unterschiedlicher Weise verwendet werden. Es kann statt eines Neben- oder Relativsatzes eingesetzt werden. Es kann auch als Adjektiv verwendet werden, dann handelt es sich um ein Verbaladjektiv[1]. Als Verbform ist es unveränderlich, kann eine Ergänzung bei sich haben, und verneint werden.

Exemples:
* *Personne ne lui **faisant** de remontrance sur son travail scolaire et ses notes plus que moyennes, Bouli en a profité pour étudier en «amateur».*
* *Chacun **convenant** que les raisons qui avaient conduit au tabassage d'Adrien étaient infâmes.*

---

[1] Nicht aus allen Verben kann ein Verbaladjektiv gebildet werden. Zu beachten ist außerdem, dass das Verbaladjektiv nicht immer die gleiche Bedeutung wie das entsprechende *participe présent* hat. Manchmal ist auch die Schreibweise unterschiedlich.

Bildung des *gérondif*

Das *gérondif* ist unveränderlich. Es wird aus der Präposition *en* und dem *participe présent* gebildet.

Exemples:
entrer – en entrant
attendre – en attendant

Verwendung des *gérondif*

Das *gérondif* drückt in erster Linie aus, dass zwei Handlungen gleichzeitig ablaufen. Das *gérondif* kann statt eines Nebensatzes eingesetzt werden. Voraussetzung ist jedoch, dass beide Sätze das gleiche Subjekt haben. Das *gérondif* kann verneint werden und Ergänzungen haben.

Exemples:
- *Cette fois-ci il ressent le besoin d'affronter le conducteur, et **en l'attendant**, Bouli prépare deux allumettes.*
- *Le professeur de français vient de lui sauver la mise **en entrant** dans la salle.*
- *Arrêtez! a hurlé Corentin, **en se levant** d'un bond de sa chaise.*

Méthodes

Comment faire le portrait d'un personnage?

Pour faire le portrait d'un personnage, on décrit d'abord son **physique** (= caractérisation directe du personnage).
Mais un personnage n'est pas seulement défini par une description, il faut aussi examiner et analyser ce qu'il **fait** et ce qu'il **dit** ou **pense** (= caractérisation indirecte du personnage).
Au cours de la narration, le personnage **évolue** entre la situation au début et à la fin du texte.
Puis, il est en **interaction** avec d'autres personnages avec lesquels on peut le comparer. En étudiant la relation entre eux, on en apprend encore plus sur le personnage.

Détails du portrait physique:
- la taille
- l'âge
- le teint de sa peau
- la couleur des cheveux/des yeux
- des détails de son visage ou de son corps
- les vêtements, les chaussures, des accessoires

Quelques expressions utiles
- pour décrire le caractère:

Le personnage principal …
- … est gentil/aimable/timide/triste/discret/ouvert/silencieux etc.
- … est caractérisé/e / décrit/e comme …
- … est/semble être un peu naïf/naïve.
- … a beaucoup de traits de caractère positifs.
- … a bon / mauvais caractère.
- … a un caractère optimiste/agressif/inoubliable etc.

Quant a son caractère, il / elle est naïf/naïve/dynamique/égoïste etc.
Le trait de caractère dominant est …
Une autre qualité essentielle est …
Un autre aspect de son caractère est …

- pour caractériser le comportement:

Il / Elle a / montre un comportement naturel/agressif etc.

Le comportement / la manière d'agir de … est / n'est pas …

Son comportement / Sa façon de parler montre / indique / permet de penser que …

On pourrait caractériser son comportement comme …

Il / Elle se comporte / se conduit de façon / de manière …

Ce qu'il dit / pense / fait permet de penser que …

Par son comportement / sa manière d'agir, il / elle veut exprimer …

- pour caractériser l'interaction avec d'autres personnages:

Il / Elle a un comportement compréhensif/ve / … envers/à l'égard de …

Il / Elle éprouve de l'amour/de l'aversion/un sentiment de … pour …

Il / Elle a / semble avoir beaucoup d'amis / peu de contacts avec son entourage.

Il / Elle a confiance en …

Il / Elle se fait des illusions sur …

Il / Elle est incapable de communiquer avec …

Il / Elle traite … gentiment/d'une façon impolie.

Sa réaction / sa manière de réagir montre que …

Rédiger un commentaire personnel

Dans un commentaire personnel, vous exprimez votre point de vue à partir d'une étude approfondie d'un sujet ou d'un texte. Votre texte comprend trois parties:
– l'introduction qui précise le problème,
– la partie principale qui permet le développement des arguments,
– la conclusion qui fait le bilan de la discussion.

Pour la **partie principale,** il vous faut des arguments logiques se référant au sujet/au texte. Ils peuvent être de nature différente, p.ex.
– des faits vérifiables/des références ou des données (scientifiques)
– des citations (mais pas trop!)
– des comparaisons ou des exemples
– des valeurs ou des critères reconnus.
Vous pouvez également mentionner vos propres expériences ou vos sentiments.

Il est important de **structurer** vos arguments de façon qu'il y ait une progression vers les arguments les plus importants parce que c'est le dernier argument que le lecteur retient le mieux. Mettez donc les arguments défendant votre opinion personnelle à la fin.

Pour structurer les arguments, il y a différentes possibilités. S'il y a deux opinions explicitement opposées, vous pouvez simplement grouper les arguments pour et contre une thèse dans deux parties. S'il ne s'agit pas d'opinions adverses, mais plutôt de faits de types différents, il est également possible d'établir une comparaison entre deux concepts différents.

Pour une **argumentation** cependant, la structure classique est le plan dialectique: thèse (défense d'un point de vue sur la question), anti-thèse (arguments contre cette position), synthèse (compromis ou mieux dépassement de la contradiction). Il y a des variantes possibles:
– position adverse, arguments contre cette position, défense de la position soutenue
– présentation d'une point de vue sur la question, arguments contre cette position, rejet/réfutation de la position opposée.
L'idée derrière chaque variante est la même, de la confrontation de deux points de vue opposés en naît un troisième.

Conseils et expressions utiles
Pour l'introduction:

Rédigez l'introduction pour un lecteur qui ne connaît pas le sujet! Partez d'une idée générale qui peut être p.ex. un fait ou un événement précis, un énoncé lu ou entendu, une opinion ou une observation. Évitez de commencer directement avec la question posée ou la citation proposée. Formulez ensuite le problème avec un enchaînement logique à l'idée générale.

Pour commencer:
Il y a quelques jours, …
À la suite de …
Dans un texte/une étude consacré/e à … l'auteur/le journaliste/ … affirme que/montre que …
Dans une interview …, le journaliste de …/ (*la personne xy*) a demandé si …/a déclaré que …
On parle beaucoup de …/On entend dire souvent que …

Pour reformuler la question posée:
Est-ce (bien) vrai que …?
On doit se poser la question suivante: …
La question est de savoir si …
Il se pose la question de savoir … *(sans inversion!)*

Pour la partie principale:
Pour relier les arguments, utilisez des mots charnières pour expliquer la relation entre eux.[1]

Pour organiser la suite des arguments:
En premier lieu/Tout d'abord/D'abord/Pour commencer/Première-ment …

---

[1] Geeignete Ausdrücke finden sich z.B. in Top im Abi Französisch, Abiwissen kompakt, Braunschweig: Schroedel 2009, S. 155 ff.

Puis/ensuite/de plus/deuxièmement …
De même/également …
Enfin/pour terminer/en dernier lieu …

Pour exprimer votre opinion:
Je crois/trouve/pense que …
À mon avis/Selon moi/D'après moi …
Quant à moi/En ce qui me concerne …
Personnellement, je suis convaincu/e …
Je suis d'avis que/Je suis du même avis …
Je (ne) partage (pas) l'opinion de …

Pour la conclusion:
Faites un court résumé des arguments développés dans la partie principale et reformulez votre opinion personnelle.

Pour terminer:
Finalement/Après tout …
En résumé/ainsi/donc …
Pour conclure/terminer/résumer, …
On peut conclure/résumer en disant que …

Étapes de travail
1. Comprendre la question posée. (De quoi s'agit-il? Qu'est-ce que je dois démontrer?)
2. Trouvez des arguments pour ou contre l'affirmation exprimée.
3. Trouvez votre propre point de vue.
4. Noter vos idées (p.ex. dans une mind-map) et des expressions utiles.
5. Structurer les arguments de façon logique.
6. Formuler votre commentaire personnel.
7. Corriger les fautes.

Documents supplémentaires

Claire Clément, Ma meilleure copine (extrait)[1]

Claire Clément est née à Paris et habite dans la région parisienne sur un bateau. Elle est journaliste et écrit des histoires pour les enfants.

5 **Dans l'histoire «Ma meilleure copine», une jeune fille, Sarah qui était très sportive, est paralysée après un accident de voiture. Sa copine Léa essaie de l'aider.**

Chapitre 3: Souris-moi, Sarah!

10 Maman était d'accord pour que j'aille voir Sarah le mercredi suivant. Elle m'avait conseillé d'emporter un jeu de société, alors j'ai demandé à Sarah:

– Tu veux qu'on y joue?

Elle a fait la moue, l'air de dire: «Ça ou autre chose…»

15 On a commencé à jouer sans trop se parler. Je n'osais plus la regarder, ni bien sûr parler de la gymnastique. De toute façon, je n'en faisais plus à la récréation.

Je lui ai donné quelques nouvelles de l'école, mais ça ne l'intéressait pas.

20 Alors j'ai essayé de la distraire en faisant mon cinéma. Mon cinéma, c'est quand j'imagine par exemple que je suis la reine d'Angleterre, ou bien que je suis une grand-mère qui a un sale caractère: j'essaie de taper sur mes ennemis, j'ai la voix qui chevrote et je dis:

– Ah, c'est comme ça, vieux bandit! Je n'ai plus de dents, mais je sais

25 frapper! Et tu vas voir ce qu'elle va te faire, la vieille pomme ridée!

---

[1] Extrait de l'ouvrage «Ma meilleure copine», Claire Clément / Zaü, Père Casterman Flammarion 1998, p. 17–20, 45–48.

[7] **paralysé,e** gelähmt   [14] **faire la moue** schmollen, Gesicht verziehen   **l'air** *m* Aussehen, Miene   [20] **distraire** unterhalten, ablenken   [22] **sale** *fam ici:* übel, mies **taper** frapper   [23] **chevroter** trembler

Et je fais des moulinets avec mes bras et chaque fois, Sarah rit aux éclats.

Donc, ce jour-là, j'ai commencé mon numéro:

– Bon, je suis marchande de poisson, et quelqu'un me rapporte le sien, parce qu'il ne sent pas bon… 5

«Alors comme ça, mon poisson ne sent pas bon?

Monsieur, je ne vous permets pas!

Vous savez d'où il vient, mon poisson?»

Le regard de Sarah s'est éclairé un bref instant, comme un sourire dans ses yeux, sauf que sa bouche ne souriait pas. 10

J'ai vite laissé tomber. Parce que, quand je fais mon cinéma, j'ai besoin d'entendre Sarah rire aux éclats! Ça me donne un de ces tonus!

Mais Sarah était ailleurs, comme si elle était malade aussi de l'intérieur. Elle s'est enfoncée un peu plus sous ses draps et elle m'a dit:

– Laisse-moi maintenant. 15

Je suis fatiguée…

Mon cœur s'est serré.

Sarah souffrait et je ne pouvais rien pour elle! Elle qui était ma meilleure copine!

Chapitre 6: Sarah revient 20

[…]

Le jour de la rentrée, ce n'était pas facile pour Sarah. Tout le monde la regardait comme si elle avait un truc bizarre, genre une queue de sirène. Mais le pire, c'est quand «la cata» l'a accueillie en disant:

– Salut, Sarah! C'est super que tu sois là! Ça sera peut-être moins 25 facile que dans ton centre exprès pour … pour …

---

[1]**faire des moulinets** mit den Armen wedeln   **rire aux éclats** rire beaucoup   [9]**s'éclairer** sich auf-/erhellen   [12]**ça me donne un de ces tonus** ça donne de l'énergie   [14]**s'enfoncer** einsinken   [17]**se serrer** sich zusammenziehen   [23]**la queue** Schwanz   [24]**la sirène** *Fabelwesen der griech. Mythologie*, Sirene   [24]**la cata** *abr* catastrophe, *ici: surnom d'une fille de leur classe, Virginie, qui est très maladroite*

49

Sarah ne s'est pas dégonflée:

– Pour les paralysés, tu veux dire? Oui, mais tu vois, je préfère revenir ici, parce que moi, moins j'en vois des paralysés et mieux je me porte! Pas toi?

5 Alors là, je l'ai admirée! Quel toupet! «La cata» a rougi, j'en étais malade pour elle.

On est allées dans notre petit coin, là où on faisait de la gymnastique, avant.

Sarah a hoché la tête:

10 – «La cata» nous enfermerait bien dans un centre. Les paralysés avec les paralysés, les aveugles avec les aveugles … Mais si les aveugles restaient entre eux, qui leur raconterait comment c'est, un coucher de soleil? Oh bien sûr, ils pourraient le lire dans un livre exprès pour eux, mais je suis sûre que ça doit être plus beau d'entendre quelqu'un 15 raconter ce qui se passe au moment où tu sens sur ton visage la chaleur du soleil qui s'en va. Tu crois pas?

C'était beau ce qu'elle disait, Sarah.

---

[1] **se dégonfler** *fam* n   quer de courage   [3] **se porter** aller, se sentir   [5] **le toupet** *fam* courage   [9] **hocher la tête** den Kopf schütteln

Yaël Hassan, De l'autre côté du mur (extrait)[1]

Yaël Hassan est née à Paris en 1952. Elle a passé son enfance en Belgique et sa jeunesse en Israël. Depuis 1984, elle vit en France. Après un grave accident de voiture, elle ne peut plus travailler dans le tourisme et se met à écrire. Depuis, elle a écrit beaucoup de romans de jeunesse et a reçu de nombreux prix.

La personne principale du roman «De l'autre côté du mur», Louise a 14 ans. Depuis un accident de cheval, elle est assise dans un fauteuil roulant et s'est refermée sur elle-même.

Chapitre 1: «Une voix»

Quelle est donc cette voix qui s'élève de l'autre côté du mur, se hisse le long du lierre touffu pour dégringoler en cascade dans le silence de mon jardin? À qui appartient-elle? Et de quel droit dérange-t-elle ma tranquillité?

Je ne veux pas qu'on me dérange. Je ne veux voir ni entendre personne. Même le chant des oiseaux m'est insupportable. Leurs pépiements joyeux, leurs sautillements de branche en branche me vrillent les nerfs. Il leur suffit d'un battement d'ailes pour s'élever, s'envoler, être libres, mais moi, clouée à mon fauteuil roulant, je ne chanterai plus, je ne sautillerai plus, je ne serai plus jamais libre.

Qu'a-t-elle alors, cette voix, à s'immiscer en moi? C'est qu'elle me tape sur le système à la fin. Que faire? Me boucher les oreilles? Regagner la maison et m'enfermer dans ma chambre? Pas question! C'est à l'importun de s'en aller. Il va bien finir par se taire, ce vieux! Car, avec une voix pareille, il ne peut s'agir que d'un vieux. Un vieux

---

[1] Extrait de l'ouvrage «De l'autre côté du mur», Yaël Hassan, Casterman 2011, p. 5–6.

11 **se hisser** s'élever   12 **le lierre** Efeu   **touffu** dicht   **dégringoler** *fig* descendre rapidement   13 **déranger** stören   17 **le pépiement** Piepsen   **le sautillement** Hüpfen   18 **le battement d'aile** Flügelschlag   19 **cloué** *fig* fixé   20 **sautiller** *v. sautillement*   21 **s'immiscer** sich einmischen   22 **taper sur le système à qn** *loc fam* jdm auf die Nerven gehen   **se boucher les oreilles** sich die Ohren zuhalten   24 **l'importun** *m* Eindringling

radoteur, qui plus est, et donneur de leçons probablement, comme le sont tous les vieux. Mais comment pourrais-je le faire taire au travers de ce mur qui n'offre pas la moindre ouverture, apparemment? Je dis apparemment, car je n'en sais rien, après tout. Je ne l'ai pas vraiment
5   regardé ce mur de briques. Le jardin est assez vaste et jamais je n'en ai dépassé la tonnelle proche de la maison. Pourquoi l'aurais-je fait? Pourquoi me serais-je intéressée à ce jardin? Plus rien ne m'intéresse. Alors, quelle est donc cette curiosité qui m'agite puisque, depuis un an, j'ai cessé de regarder le monde pour ne plus le voir grouiller, vivre
10 autour de moi? Et je peux me vanter d'avoir réussi à faire le vide, à écarter de mon chemin tous les valides et bien portants, avec leurs airs dégoulinants de compassion, leurs regards apitoyés dont je n'ai que faire. Ce ne fut pas facile, c'est vrai. Il en a mis du temps à ne plus sonner, le téléphone. Et maman, qui chaque fois insistait lourdement,
15 suppliante, larmoyante:

– Mais prends-la donc, ma chérie! Cela fait dix fois que Nadia appelle.

Et elle restait plantée là, devant moi, son combiné à la main. Mais ne comprenait-elle pas que je ne voulais plus rien savoir de Nadia,
20 Jessica, Martin, Julien et les autres? Ils m'appelleraient cent fois que cela ne me ferait ni chaud ni froid. Qu'ils m'oublient à jamais, me fichent enfin la paix. Il y eut aussi quelques tentatives d'incursion chez moi, mais maman, devant mon refus obstiné de déverrouiller la porte de ma chambre, ne put que faire barrage, ce qui la désolait, évidem-
25 ment. Il fallut de toute façon déménager. La largeur des portes de l'appartement s'accommodait mal du passage du fauteuil. Je ne fus pas mécontente de quitter les lieux qui me rappelaient sans cesse que j'avais eu une vie avant.

[...]

[1]le radoteur Schwätzer   [2]au travers de (hin)durch   [5]la brique Ziegel
[6]la tonnelle (Garten)Laube   [8]agiter bewegen   [9]grouiller wimmeln   [10]se vanter
rühmen, prahlen   [11]valide en bonne santé, capable de travail   bien portant en
bonne santé   l'air m Miene, Ausdruck   [12]dégoulinant fig ici: plein de   apitoyé
mitleidig   [14]insister nicht nachgeben   [15]suppliant bittend   larmoyant weinerlich
[18]rester planté loc fam debout et immobile   le combiné (Telefon)hörer   [22]ficher la
paix à qn loc fam jdn in Ruhe lassen   la tentative d'incursion essai d'entrer
[23]obstiné constant, têtu   déverrouiller ouvrir   [24]faire barrage loc empêcher de
passer   [26]s'accommoder sich eignen

C'est la voix. Cette voix qui a osé rompre ma solitude et qui s'est mise à titiller sérieusement ma curiosité que je croyais endormie à jamais, tout comme moi. Et si je veux la trouver, cette voix, si je veux la faire taire, je suis bien obligée de partir à la découverte du jardin, à son exploration, sa conquête.

Commençons donc par longer le mur enfoui sous le lierre épais. Le chemin est semé d'embûches. Ici, une souche d'arbre qu'il me fait contourner, là un amas de branchages qui me barre le passage, plus loin, une brouette de compost et puis, soudain, la voix stridente, hystérique de Bénédicte, ma «nounou», qui m'a sans nul doute, et pour la toute première fois, perdue de vue. Cela me fait sourire. Elle ne s'attendait guère à ce que je bouge. Je ne l'ai pas habituée à disparaître de son champ de vision entre deux de ses roupillons. Alors, elle s'affole.

– Louise! Louise! Mais où es-tu? hurle-t-elle.

Lui répondre? Si je ne le fais pas, elle rappliquera en moins de deux. Mieux vaut donc la rassurer.

– Je suis là, Bénédicte, au fond du jardin!

– Mais que fais-tu au fond du jardin?

«Je me dégourdis les jambes!» ai-je envie de lui crier. Franchement, que puis-je faire avec mon fauteuil?

– J'explore, Bénédicte. Je découvre.

Erreur de tactique. Visiblement, ce n'étaient pas les mots à employer. Trop nouveaux pour Bénédicte. La voilà donc qui déboule, rouge, l'œil ahuri, les mains sur le cœur.

– Tout va bien, Louise?

Elle est au bord des larmes. Si je ne réagis pas immédiatement par mon habituelle sécheresse, elle est capable de se liquéfier en mare à mes pieds.

²**titiller** *fam fig* provoquer   ⁴**être obligé de faire qc** gezwungen sein etw zu tun   ⁵**la conquête** Eroberung   ⁶**longer** vorbeigehen   **enfoui** caché   ⁷**semé de** couvert de, plein de   **l'embûche** *f* obstacle   **la souche** Baumstumpf   ⁸**l'amas** *m* masse, tas   **le branchage** ensemble de branches d'un arbre   ⁹**la brouette** Schubkarre   **strident,e** schrill   ¹³**le champ de vision** Gesichtsfeld   **le roupillon** *fam* Nickerchen   ¹⁴**s'affoler** effrayer, paniquer   ¹⁵**hurler** crier   ¹⁶**rappliquer** *fam* arriver, venir   **en moins de deux** *fam* très vite   ¹⁸**au fond de** à l'autre bout de   ²⁰**se dégourdir les jambes** sich die Beine vertreten   ²⁴**débouler** *fam* arriver brusquement   ²⁵**ahuri** verblüfft   ²⁸**habituel,le** gewohnt   **se liquéfier en mare** (dahin)schmelzen

– Laissez-moi, Bénédicte. J'ai bien le droit de circuler un peu, non?
J'avais raison. Mon ton hargneux semble la rassurer immédiatement. Elle bredouille quelques excuses et s'éloigne en marmonnant.
Encore une idée de maman, la «nounou». Le garde-chiourme, oui!
5 Mais que craint-elle donc qu'il m'arrive quand elle n'est pas là? Que
je me sauve? Que je prenne la clé des champs, la poudre d'escampette?
Toute seule avec mes petits bras musclés et mon carrosse turbo? Que
je m'en aille visiter le monde pour m'assurer qu'il est moins moche et
moins injuste ailleurs que chez moi? J'hallucine! Une nounou à qua-
10 torze ans. Et d'un gnangnan avec ça!
Maintenant qu'elle m'a lâché les baskets, poursuivons donc. Mais
… La voix s'est tue. Muet soudain le papy. Zut et re-zut! Il aurait été
drôle de lui clouer le caquet à ce vieux perturbateur de silence. Raté!
Mais que cela ne m'empêche pas de continuer mon incursion au fond
15 du jardin. Difficile d'y accéder, d'ailleurs. Un écran d'arbrisseaux
serrés me laisse à peine passer. M'y voilà enfin! Essoufflée, les bras
douloureux. C'est qu'il y a belle lurette que mes muscles mollassons
se la coulaient douce. Les voilà en émoi, trépidants, sortis brutalement
de leur léthargie, eux aussi. Décidément, quelle journée!

© Casterman

[2] **hargneux** gereizt   [3] **bredouiller** stammeln   [4] **le garde-chiourme** *péj* surveillant
de prisonniers   [6] **prendre la clé des champs** *loc* partir, s'enfuir   **prendre la
poudre d'escampette** *loc* s'enfuir   [9] **J'hallucine!** *loc fam* Ich glaube, ich spinne!
[10] **gnangan** *adj invariable, fam* mou, sans énérgie [11] **lâcher les baskets à qn** *loc fam*
jdn in Ruhe lassen [13] **clouer le caquet à qn** *fig* obliger qn à se taire **le perturbateur**
Störenfried [15] **l'écran** *m ici:* barrière **l'arbrisseau** *m* Busch [16] **serré** dicht **essoufflé**
außer Atem [17] **il y a belle lurette** *loc fam* il y a bien longtemps **mollasson** *fam*
schlaff [18] **se la couler douce** *fam* es ruhig angehen lassen **l'émoi** *m* Aufregung
trépidant pulsierend

Pas l'indifférence

La chanson «Pas l'indifférence» fait partie de l'album Génération Goldman qui contient 14 chansons de Jean-Jacques Goldman. Elle est interprétée par Zaz.

J'accepterai la douleur   5
D'accord aussi pour la peur
Je connais les conséquences
Et tant pis pour les pleurs

J'accepte quoi qu'il m'en coûte
Tout le pire du meilleur   10
Je prends les larmes et les doutes
Et risque tous les malheurs

Refrain:
Tout mais pas l'indifférence
Tout mais pas le temps qui meurt   15
Et les jours qui se ressemblent
Sans saveur et sans couleur

Et j'apprendrai les souffrances
Et j'apprendrai les brûlures
Pour le miel d'une présence   20
Le souffle d'un murmure

J'apprendrai le froid des phrases
J'apprendrai le chaud des mots
Je jure de n'être plus sage
Je promets d'être sot   25

---

[8] **tant pis** *loc* c'est dommage [17] **la saveur** Geschmack [19] **la brûlure** Verbrennung
[21] **le murmure** Murmeln

55

Je donnerais des années pour un regard
Des châteaux des palais pour un quai de gare
Un morceau d'aventure contre tous les conforts
5   Des tas de certitudes pour désirer encore

Echangerais années mortes pour un peu de vie
Chercherais clé de porte pour toute folie
Je prends tous les tickets pour tous les voyages
Aller n'importe où mais changer de paysage

10   Effacer ces heures absentes
Et tout repeindre en couleur
Toutes ces âmes qui mentent
Et qui sourient comme on pleure

Refrain

Questions:
1. Qu'est-ce que le moi lyrique accepte et qu'est-ce qu'il rejette? Continuez le tableau.

Le moi lyrique accepte	Le moi lyrique rejette
la douleur la peur	l'indifférence le temps qui meurt

2. Comment est-ce que le moi lyrique décrit l'indifférence?

3. Décrivez la façon de vivre que le moi lyrique préfère.

[10] **effacer** faire disparaître

Gilbert Bécaud, L'indifférence

Gilbert Bécaud, né le 24 octobre 1927 à Toulon et mort le 18 décembre 2001 à Boulogne Billancourt, était un chanteur, compositeur et acteur français.

Les mauvais coups, les lâchetés   5
Quelle importance
Laisse-moi te dire
Laisse-moi te dire et te redire ce que tu sais
Ce qui détruit le monde c'est:
L'indifférence   10

Elle a rompu et corrompu
Même l'enfance
Un homme marche
Un homme marche, tombe, crève dans la rue
Eh bien personne ne l'a vu   15
L'indifférence

Refrain: L'indifférence
Elle te tue à petits coups
L'indifférence
Tu es l'agneau, elle est le loup   20
L'indifférence
Un peu de haine, un peu d'amour
Mais quelque chose

L'indifférence
Chez toi tu n'es qu'un inconnu   25
L'indifférence
Tes enfants ne te parlent plus
L'indifférence
Tes vieux n'écoutent même plus
Quand tu leur causes   30

---

[5] **la lâcheté** Feigheit   [11] **corrompre** verderben   [14] **crever** mourir   [30] **causer** parler

Vous vous aimez et vous avez
Un lit qui danse
Mais elle guette
Elle vous guette et joue au chat à la souris
5 Mon jour viendra qu'elle se dit
L'indifférence

Refrain

L'indifférence
Tu es cocu et tu t'en fous
10 L'indifférence
Elle fait ses petits dans la boue
L'indifférence
Y a plus de haine, y a plus d'amour
Y a plus grand-chose

15 L'indifférence
Avant qu'on en soit tous crevés
D'indifférence
Je voudrai la voir crucifier
L'indifférence
20 Qu'elle serait belle écartelée
L'indifférence…

Questions:

1. Complétez les phrases avec les exemples que le moi lyrique donne pour expliquer l'indifférence.
   1. Quand un homme tombe et meurt dans la rue …
   2. Les enfants ne parlent plus et les vieux n'écoutent plus …

2. Comment est-ce que le moi lyrique décrit l'indifférence?

3. Décrivez la façon de vivre que le moi lyrique préfère.

[3] **guetter** surveiller, observer [9] **cocu** *fam* betrogen [11] **la boue** Schlamm [18] **crucifier** kreuzigen [20] **écarteler** déchirer

L'indifférence: la pire des attitudes[1]

Stéphane Hessel, né le 20 octobre 1917 à Berlin, mort le 27 février 2013, était diplomate, ambassadeur, résistant et écrivain français. Il a fait une carrière diplomatique auprès des Nations unies et s'est toujours engagé pour les droits de l'homme. Son essai «Indignez-vous», paru en 2010 a connu un succès international. 5

L'indifférence: la pire des attitudes

C'est vrai, les raisons de s'indigner peuvent paraître aujourd'hui moins nettes ou le monde trop complexe. Qui commande, qui décide? Il n'est pas toujours facile de distinguer entre tous les courants qui nous 10 gouvernent. Nous n'avons plus affaire à une petite élite dont nous comprenons clairement les agissements. C'est un vaste monde, dont nous sentons bien qu'il est interdépendant. Nous vivons dans une interconnectivité comme jamais encore il n'en a existé. Mais dans ce monde, il y a des choses insupportables. Pour le voir, il faut bien 15 regarder, chercher. Je dis aux jeunes: cherchez un peu, vous allez trouver. La pire des attitudes est l'indifférence, dire «je n'y peux rien, je me débrouille». En vous comportant ainsi, vous perdez l'une des composantes essentielles qui font l'humain. Une des composantes indispensables: la faculté d'indignation et l'engagement qui en est la 20 conséquence.

© Indigène Éditions, 2011

---

[1] Extrait de l'ouvrage «Indignez-vous», Stéphane Hessel, Montpellier: Indigène Éditions 2011, p. 8. Avec l'aimable autorisation d'Indigène Éditions.

[7] **l'attitude** *f* Haltung   [9] **net,te** clair   [10] **distinguer** unterscheiden   **le courant** Strömung   [11] **avoir affaire à** se trouver en rapport avec   [12] **les agissements** *m pl* Machenschaften   **vaste** très grand   [14] **l'interconnectivité** *f* Vernetzung   [18] **se débrouiller** *fam* zurechtkommen   [20] **indispensable** obligatoire, essentiel

Déclaration universelle des droits de l'homme (extrait)

Extrait de la déclaration universelle des droits de l'homme, adopté le 10 décembre 1948, qui proclame pour la première fois les droits humains fondamentaux communs à tous les peuples.

5 *Article premier*
Tous les êtres humains naissent libres et égaux en dignité et en droits. Ils sont doués de raison et de conscience et doivent agir les uns envers les autres dans un esprit de fraternité.

Article 2
10 1. Chacun peut se prévaloir de tous les droits et de toutes les libertés proclamés dans la présente Déclaration, sans distinction aucune, notamment de race, de couleur, de sexe, de langue, de religion, d'opinion politique ou de toute autre opinion, d'origine nationale ou sociale, de fortune, de naissance ou de toute autre situation.

15 *Article 7*
Tous sont égaux devant la loi et ont droit sans distinction à une égale protection de la loi. Tous ont droit à une protection égale contre toute discrimination qui violerait la présente Déclaration et contre toute provocation à une telle discrimination.

---

[3] **proclamer** déclarer en public   [6] **la dignité** Würde   [7] **être doué,e de** posséder, avoir un don   [10] **se prévaloir de** Anspruch auf etw haben   [11] **la distinction** Unterschied   [12] **notamment** particulièrement, spécialement   [14] **la fortune** *ici:* Vermögen   [18] **violer** verstoßen

Antoine Dole, À copier 100 fois (extrait)[1]

Antoine Dole, né le 28 octobre 1981, vit à Paris et à Chambéry. Il est écrivain et scénariste. Pour son roman «À copier 100 fois», un texte sur l'homophobie, il a reçu plusieurs prix.

Le personnage principal est un garçon de 13 ans qui se fait 5
harceler par d'autres garçons du collège. Les autres élèves et même les profs ne s'en occupent pas. Il y a seulement son amie Sarah qui n'a pas peur de l'aider.

p. 6–9:

Papa m'a dit cent fois quoi faire, comment les choses fonctionnent: «Si 10
tu arrêtes de te laisser faire, ils arrêteront de s'en prendre à toi.» Mais ça ne marche pas. Si je réponds à Vincent, ou à Laurent, ou à Julien, la claque qui suit me déboîte la mâchoire, et si j'essaie de la leur rendre, ça part en vrille direct: une balayette et je me retrouve par terre à parer les coups suivants tant bien que mal. 15

Jeudi dernier, après le cours d'EPS, Laurent a écrasé mon visage dans l'herbe du terrain de foot jusqu'à ce que j'avale de la terre. Il était assis sur moi, les autres se marraient autour. Il écrasait ma tête contre le sol en me tenant fort les cheveux. Et plus j'essayais de me débattre, plus ils se marraient, je me tortillais sous Laurent comme un ver. Ils 20
gueulaient «Bouffe, vas-y, bouffe!», j'ai pas eu d'autre choix. J'ai desserré les lèvres pour pouvoir respirer, j'ai senti sur ma langue des fragments granuleux qui crissaient sous mes dents, puis un goût amer a encrassé ma bouche. Le prof était pas là, comme toujours, et je crois bien qu'ils s'en moquent de toute façon, les profs, que ce genre de 25
choses arrive. Que tout le monde s'en moque.

[1] Extrait de l'ouvrage «À copier 100 fois», Antoine Dole, Paris: Éditions Sarbacane 2013, p. 6–9, 28–32.

[3] le scénariste Drehbuchautor [6] harceler poursuivre et attaquer [11] se laisser faire etw mit sich machen lassen s'en prendre à qn s'attaquer à qn [13] la claque Ohrfeige déboîter aus-,verrenken la mâchoire Kiefer [14] partir en vrille fig fam échapper à tout contrôle la balayette fam ici: ein Bein stellen parer abwehren [16] écraser zerdrücken, zerquetschen [17] avaler schlucken [18] se marrer fam rigoler, s'amuser [19] se débattre se défendre [20] se tortiller sich winden le ver Wurm [21] gueuler fam crier bouffer fam manger [22] desserrer ici: ouvrir [23] granuleux körnig amer,ère bitter [24] encrasser verschmutzen

Quand j'ai pu me relever, j'ai bavé, ma salive était épaisse et crasseuse, le simple fait de la cracher était douloureux, un jus acide au fond de ma gorge. Ils se sont éparpillés, ils avaient fini de jouer. Je me suis retrouvé seul sur le terrain. En les regardant s'éloigner, j'étais pas
5   soulagé, j'pensais juste à papa: qu'est-ce qu'il allait penser mon père, quand j'allais rentre couvert de boue, encore. J'ai essuyé ma bouche du revers de la main, j'ai vu du sang, mélangé à la terre entre mes doigts. J'ai ramassé mon sac et je suis parti, tête baissée. J'allais le décevoir, encore.

10 p. 28–32:
Sarah reste à côté de moi, la boucle de son sac tinte à chaque pas. Elle hésite un instant puis me dit:
    – Tu sais, je m'en fous.
    – De quoi?
15 – De ce qu'il disent. Que tu préfères les garçons, tout ça.
    Je réponds pas. J'ai juste le cœur qui s'accélère, et les voitures vrombissent en passant à moins d'un mètre de moi. Ça devrait me faire quelque chose, je devrais me sentir bien, rassuré. Mais ça me fait toujours mal, et quels que soient les mots que chacun utilise. Sarah
20 me met un petit coup d'épaule:
    – Tu sais, moi aussi j'aime les garçons.
    Puis elle se met à rire. Je lui souris. Je trouverais ça drôle si j'étais pas terriblement gêné d'en parler avec quelqu'un pour la première fois. Si j'avais les bons mots moi aussi, pour expliquer ce que je ressens,
25 pour le dire simplement. Mais chaque fois que j'ouvre la bouche, j'entends la voix de mon père. Et ses mots à lui disent tout l'inverse de ce que je ressens.

---

[1] **baver** sabbern **la salive** Spucke [2] **crasseux,se** dreckig, schmutzig **acide** sauer, scharf [3] **s'éparpiller** sich verteilen [5] **soulagé** erleichtert [6] **la boue** Schlamm [7] **le revers de la main** Handrücken [11] **la boucle** Schnalle **tinter** klirren [17] **vrombir** faire un bruit de moteur [18] **rassuré** beruhigt [24] **ressentir** fühlen, empfinden [26] **l'inverse** *m* contraire

Papa m'a dit cent fois: «Mon fils sera pas pédé», qu'il voulait pas de
ça dans la famille, que ça n'arrivera pas. Papa, j'suis désolé. J'ai pas
choisi, tu sais. J'ai essayé de changer, j'te jure, mais j'arrive pas, m'en
veux pas. J'ai pas mérité qu'on me tape, pas mérité les claques. Non,
papa, je mérite pas que tu me regardes comme ça, comme si je servais   5
à rien, comme si j'étais pas ton fils, comme si tu regrettais. Papa, tu
crois que maman m'en voudrait, elle aussi, si elle était encore là? Que
ça changerait quelque chose? Est-ce qu'elle m'aimerait pour deux ou
est-ce que, elle aussi, elle me regarderait comme toi tu me regardes?
  – J'suis pas…   10
  Je continue pas ma phrase. J'arrête de penser. Mais, dès que je peux plus
non plus, tout s'arrête net. Je tourne la tête vers Sarah. Dans ma tête ça
fait pas bon ménage.
  – J'suis pas… J'veux dire… Je…
  – On n'est pas obligés d'en parler si tu veux pas.   15
  Sarah ne s'arrête pas de marcher, elle, droit devant, alors je me cale
sur son pas, sans trouver quoi dire. Je lui mets un petit coup d'épaule
à mon tour, j'lui dis en souriant:
  – Alors, t'aimes les garçons? C'est vrai? Tes parents le savent?
  – Merde non, tu crois que je devrais leur dire???   20
  Et on rigole, tous les deux. Dès que le silence retombe, les choses
redeviennent pesantes. Son regard esquive le mien. Je sais que dans
un sens, tout ça lui fait de la peine. Sarah est une chouette amie,
heureusement qu'elle est là.
  […]

---

[4] **mériter** verdienen **taper** frapper, donner des coups [7] **en vouloir à qn** jdm etw
vorwerfen [12] **net** *adv* tout d'un coup [13] **ne pas faire bon ménage** *ici:* être en
désordre [15] **être obligé de faire qc** gezwungen sein etw zu tun [16] **se caler sur le
pas de qn** aller au même rythme [22] **pesant,e** lourd **esquiver** ausweichen
dans un sens in gewisser Weise

Biographie

©Laurence Lumbroso

Christophe Léon est né en 1959 à Alger. Après des études aux Beaux-Arts de Marseille, il a exercé différents métiers dont joueur professionnel de tennis et appareilleur en orthopédie.

Christophe Léon a passé de nombreuses années à douter, de lui mais aussi de la société. Un temps engagé dans le monde de l'entreprise, il s'est décidé à vivre pauvrement dans le luxe: l'écriture. Pour adultes, pour la jeunesse et surtout pour les idéaux qu'il défend au quotidien et qui font de lui, même s'il s'en défend, un auteur engagé.

Son premier roman «Tu t'appelles Amandine Keddha» est publié en 2002, «Palavas la Blanche» suivra en 2003. Son œuvre comprend des romans et essais en littérature générale et en littérature de jeunesse. Il a été récompensé par de nombreux prix. Le recueil «Désobéis» a été sélectionné pour le Prix des lycéens allemands en 2013.

La protection de l'environnement, les faits de société et les dangers de la mondialisation sont les thèmes qu'il aborde à travers ses livres.

Liednachweis:

S. 55/56 Pas l'indifférence, Jean-Jacques Goldman,
          Universal Music Publishing GmbH, Berlin
S. 57/58 L'indifférence, Maurice Alfred Marie Vidalin,
          EMA-In Arabelle Musikverlag GmbH, Berlin

Bildnachweis:

S. 3 © Alain DuBouillon, Paris
S. 64 © Laurence Lumbroso